In Zeiten der Grippe

AF199738

Anne Kramer

In Zeiten der Grippe

Ein Projektmanagement-Krimi

Bibliografische Information der Deutschen Nationalbibliothek:
Die Deutsche Nationalbibliothek verzeichnet diese
Publikation in der Deutschen Nationalbibliografie; detaillierte
bibliografische Daten sind im Internet über http://dnb.dnb.de
abrufbar.

© 2019 Anne Kramer

Herstellung und Verlag: BoD – Books on Demand, Norderstedt

ISBN: 978-3-7504-1717-5

„Ein Tag ohne Lächeln ist ein verlorener Tag."
(Charlie Chaplin)

Für alle, die an der Entstehung
dieses Buches mitgewirkt haben.
Ohne euch wäre es nie zustande gekommen.
Danke!

Der Inhalt

Der andere Inhalt

CV
15. Personas

5%   110%

16. Risiko Mgt

17. Burnout, Boreout und Flow

19. Visualisieren

18. Vorbild

21. Kommunikation

20. Servant Leadership

22. Feedback

23. Selbstanalyse

24. Führungsstile

1. Prolog

Zu den Quellen…

Als Projektmanager kämpft man an vielen Fronten. Unrealistische Zeitpläne, unklare Ziele, technische Probleme und nicht zuletzt die eigene Frustration – so heißen die Windmühlen, gegen die wir modernen Don Quichottes antreten. Natürlich wissen wir im Prinzip, was zu tun ist. In der Praxis löschen wir jedoch oft Feuer. Wir reagieren, anstatt zu agieren. Ganz nebenbei haben wir noch unser Privatleben mit seinen Höhen und Tiefen. Partner mit eigenen Wünschen, pubertierende Kinder und private Termine, die sich nur schwer in den ohnehin vollen Kalender einfügen, sorgen für zusätzliches Reibungspotential.

Dem Helden dieses Büchleins, Jorge, geht es nicht anders. Jorge ist Mitte Vierzig und arbeitet für ein großes High-Tech-Unternehmen. Er ist schon länger Projektmanager. Er hat daher bereits eine Menge erlebt und einige Schulungen genossen. Auch seine Frau Lenya bewegt sich im Projektumfeld und steuert als Coach und Mentor immer wieder – oft auch ungefragt – Ratschläge bei. Aus diesem Erfahrungsschatz heraus schöpft Jorge Strategien, die ihm helfen, den Fokus zu behalten und auch unter widrigen Umständen den Projektalltag zu meistern. Ganz nebenbei findet er den Grund für eine mysteriöse Krankheit heraus, welche die ganze Firma lahmlegt und sogar vereinzelt Leben kostet.

Die Personen in diesem Buch sind fiktiv. Ähnlichkeiten mit real existierenden Personen sind selbstverständlich rein zufällig, wenn man davon absieht, dass Inspiration irgendwo herkommen muss. Natürlich sind meine eigenen Erfahrungen eingeflossen. Wie sollte es auch anders sein? Ich möchte jedoch explizit darauf hinweisen, dass diese Erfahrungen aus vielen verschiedenen Projekten bei unterschiedlichen Arbeitgebern und unterschiedlichen Kunden stammen. Es sind daher keine direkten Rückschlüsse möglich, so verlockend sie auch sein mögen. Sollte sich dennoch jemand in einer Episode oder einem Charakterzug wiedererkennen, so nehme er bzw. sie es als Kompliment (falls positiv) oder als Anregung zum Nachdenken (falls nicht ganz so positiv).

Obwohl als Krimi geschrieben, versteht sich dieses Buch als Projektmanagement-Lehrbuch. Es enthält eine sehr persönliche Sammlung an Punkten, die Jorge (und ich) immer wieder hilfreich finden. Neben klassischen Methoden des Projektmanagements, wie z.B. der Aufwandsabschätzung oder der Risikoanalyse, finden sich viele Soft-Skill-Themen in und zwischen den Zeilen. Dabei geht es sowohl um den Umgang mit anderen als auch um den Umgang mit sich selbst. Wem ein Krimi zu unseriös ist, der möge das Lehrbuch zum ASQF® Certified Professional for Project Management (CPPM) lesen.[1] Der vier-tägige CPPM-Kurs richtet sich an alle, die Projektmanagement-Aufgaben übernehmen. Dabei sind explizit nicht nur die Projektmanager mit offizieller Funktion angesprochen. Gerade im agilen Umfeld verteilen sich die typischen Projektmanagement-Aufgaben auf viele Köpfe, darunter auch auf die der Entwickler.

Ob die Welt ein weiteres Buch über Projektmanagement braucht, ist fraglich. Was die Welt jedoch definitiv

---

[1] A. Johannsen et al. (2017). Basiswissen für Software-Projektmanager im klassischen und agilen Umfeld. dpunkt.verlag. ISBN 978-3-86490-429-5

braucht sind Geschenkideen. Daher hat dieses Büchlein insgesamt 24 Kapitel (Prolog und Epilog mitgezählt). Zu jedem Kapitel gehört eine Info-Graphik, welche die wesentlichen Punkte zusammenfasst. Betrachten Sie es als Adventskalender mit 24 Türchen oder als 8-tägige Intensivkur (morgens, mittags, abends jeweils Eine).

Viel Spaß beim Lesen!

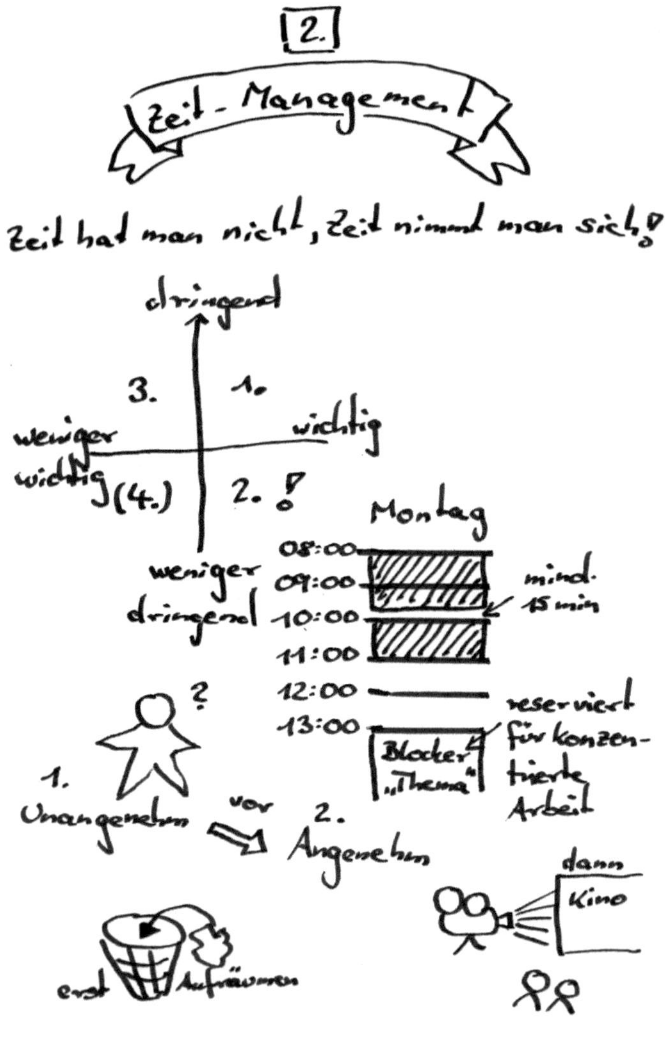

2.

Zeit - Management

Zeit hat man nicht, Zeit nimmt man sich!

dringend

3.   1.

weniger   wichtig
wichtig (4.)   2.

weniger   Montag
dringend
          08:00
          09:00   mind.
          10:00   15 min
          11:00
          12:00   reserviert
          13:00   für konzen-
                  Blocker tierte
                  "Thema" Arbeit

      ?
1.
Unangenehm   vor   2.
              Angenehm
                            dann
                            Kino
erst Aufräumen

2. Allein im Biergarten

Zeit hat man nicht, Zeit nimmt man sich.

Abgekämpft setzte sich Jorge mit seinem Bierkrug an einen freien Tisch im Schatten. Das war wieder mal so eine Woche gewesen, in der er zwar ständig rotiert hatte und doch mit dem Gefühl ins Wochenende ging, nichts erreicht zu haben. Mit den Gedanken war Jorge noch immer bei der Arbeit. Heute hatte er praktisch den ganzen Tag in Besprechungen gesessen. Die tägliche Statusbesprechung war noch soweit ok gewesen. Die jährliche Sicherheitsunterweisung – eigentlich eine Veranstaltung mit Anwesenheitspflicht – hatte er geschwänzt und war nur kurz aufgetaucht, um sich in die Anwesenheitsliste einzutragen. Die so gewonnene Stunde hatte er stattdessen genutzt, um die Sitzung des Lenkungskreises vorzubereiten, die direkt im Anschluss an die Sicherheitsunterweisung stattgefunden hatte. Natürlich war ihm in der Eile ein Fehler unterlaufen. Die Zahlen konnten so nicht stimmen, aber er hatte bislang noch keine Zeit gefunden, sich die Sache genauer anzuschauen.

Seufzend nahm Jorge einen kräftigen Schluck. Jetzt, am Freitagabend, wäre es im Büro schön ruhig. Er könnte sich die Zahlen noch einmal vornehmen und dabei überlegen, wie er das Projekt wieder auf Spur bringen könnte. Alex hatte jedoch darauf bestanden, dass sie sich endlich mal wieder treffen sollten. Das Wetter war herrlich und Jorge entspannte sich langsam. Zum Glück musste er wenigstens hinsichtlich seiner Familie kein schlechtes Gewissen haben. Die Kinder waren beide auf Klassenfahrt und seine Frau hatte an diesem Freitag ebenfalls eine Verabredung mit Freundinnen.

Wo Alex nur blieb? Jorge kannte Alex aus dem Informatik-Studium. Sie hatten beide kurz nacheinander ihren Abschluss gemacht und dann in verschiedenen Geschäftsbereichen desselben Konzerns als Software-Entwickler angefangen. Auch ihr Werdegang war ähnlich verlaufen. Beide hatten zunächst die Verantwortung für kleinere Projekte übernommen. Mit der Zeit hatte man ihnen dann immer mehr und teilweise auch größere Projekte übertragen. Zurzeit hatte Jorge vier „Baustellen", um die er sich gleichzeitig kümmern musste. Trotzdem war es ihnen gelungen, Kontakt zu halten. Unter anderem hatten sie sich regelmäßig in der Kantine getroffen. Doch dann war Alex plötzlich spurlos von der Bildfläche verschwunden. Jorge schämte sich heute noch für die drei Monate, die er gebraucht hatte, um zu merken, dass Alex krankgeschrieben war. Burnout. Der Klassiker.

Inzwischen hatte sich Alex innerhalb der Firma versetzen lassen und hatte statt einer Karriere als Projekt- und später vielleicht mal Abteilungsleiter einen Posten als Qualitätsmanager in Teilzeit angenommen. Alex schrieb nun Verfahrensanweisungen und prüfte alle möglichen Dokumente auf Einhaltung der Regeln. Jorge kam das ziemlich öde vor, aber Alex widersprach ihm dann regelmäßig. Vielleicht war das auch nicht ganz falsch. Bei ihrer gemeinsamen Silvesterfeier war ihm aufgefallen, wie viel Zeit Alex inzwischen mit Freunden und Familie verbrachte. Daraufhin hatte Jorge seit langem mal wieder gute Vorsätze für das neue Jahr gefasst: Weniger nutzlose Besprechungen, dafür mehr Sport. Keine sinnlosen Überstunden mehr. Sich nicht mehr so weit vereinnahmen lassen, dass man nachts von der Arbeit träumte.

Natürlich hatte ihn der Arbeitsalltag nach zwei Wochen wieder eingeholt. Keine Zeit für Sport, denn heute Abend war noch diese wichtige Besprechung. Außerdem stand eine Freigabe an, für die noch… Gute Gründe gab es immer, noch ein paar Stunden länger im Büro zu bleiben. Wenn er abends heimkam, waren die Kinder schon im Bett – oder sollten es jedenfalls sein.

Ob Alex die Verabredung vergessen hatte? Unwahrscheinlich. Die WhatsApp mit dem Biergarten-Vorschlag war erst vor wenigen Stunden gekommen. Hoffentlich war nichts passiert. Alex fuhr leidenschaftlich gerne Rad und kurvte oft abenteuerlich durch die Stadt. Das teure Rennrad war schon mehrfach gestohlen worden, aber Alex kaufte sich immer wieder neue, zuletzt ein E-Mountainbike.

Jorge überlegte. Inzwischen war es zu spät, um noch einmal in die Firma zu gehen. Dann fiel ihm der Link ein, den Alex ihm vor ein paar Tagen weitergeleitet hatte. Er holte sein Smartphone wieder aus dem Rucksack. Der Titel klang vielversprechend: „Gegen chronischen Zeitmangel – 3 Prinzipien des Zeitmanagements". Jorge begann zu lesen…

1. Prinzip: Erledige das Unangenehme vor dem Angenehmen.

Diesem Prinzip liegt ein ganz einfacher, psychologischer Effekt zu Grunde. Wer erst das Unangenehme erledigt, wird sich damit beeilen, um auch noch Zeit für das Angenehme zu haben. Umgekehrt kann man sich endlos mit dem Angenehmen beschäftigen, da ja danach nur Unangenehmes ansteht. Im ersten Fall schafft man beides, im zweiten Fall nur eins und es bleibt ein schlechtes Gewissen.

Dieses Prinzip leuchtete Jorge sofort ein. Er kannte dieses Gefühl der Lähmung, wenn man eigentlich eine Aufgabe erledigen musste, dazu jedoch keine Lust hatte, aber auch nicht guten Gewissens etwas anderes anfangen mochte.

2. Prinzip: Erledige das Wichtige vor dem Dringenden.

Alle Aufgaben lassen sich in „wichtig" und „weniger wichtig" sowie in „dringend" und „weniger dringend" einteilen. Selbstverständlich erledigen wir diejenigen Aufgaben zuerst, die sowohl dringend als auch wichtig sind. An die Aufgaben, die weder dringend noch wichtig sind, werden wir hingegen keinen müden Gedanken verschwenden. Falls überhaupt, sind diese Aufgaben als Letztes dran. Die eigentliche Frage stellt sich nur für die beiden verbleibenden Quadranten („dringend, aber nicht so wichtig" bzw. „wichtig, aber noch nicht dringend").

Tendenziell neigen wir dazu, zunächst das Dringende zu erledigen. Schließlich ist es ja dringend. Doch das ist falsch! Fast alle Aufgaben werden mit fortschreitender Zeit irgendwann dringend. Plötzlich finden wir uns mit wichtigen, dringenden Arbeitspaketen wieder, die wir parallel zu (vergleichsweise) unwichtigen, aber natürlich ebenfalls dringenden Aufgaben bearbeiten müssen.

Klar, dachte Jorge. Es ist selten, dass etwas Unwichtiges plötzlich wichtig wird. Außerdem bestand immer die Hoffnung, dass jemand anderes früher die Nerven verlor. Allerdings fand er die Einteilung in „wichtig" und „unwichtig" manchmal schwierig, ganz abgesehen davon, dass sie ja auch nicht zwangsläufig selbstbestimmt war. Was war mit Punkten, die einem persönlich wichtig waren, der Firma jedoch eher nicht? Er beschloss, dass jede Regel auch Ausnahmen haben durfte, solange man sich darüber klar war, wessen Prioritäten man folgte.

Jorge las weiter.

3. Prinzip: Teile die Zeit ein.

Nichts ist schlimmer als ständige Kontextwechsel. Dagegen hilft ein Arbeitsplan. Aufgaben, die unsere volle Konzentration erfordern, sollten wir am Stück erledigen. Stellen Sie sich selbst einen Termin im Kalender ein. Leiten Sie das Telefon so lange um, deaktivieren Sie die E-Mail-Benachrichtigung und schließen Sie die Tür. Sollten Sie keine Bürotür haben, versuchen Sie, in einen Raum zu gehen, wo man Sie nicht sofort findet. Nutzen Sie ein Besprechungszimmer.

Jorge schnaubte. Als ob es bei ihnen in der Firma ungenutzte Besprechungszimmer gäbe. Allerdings hatte er sich tatsächlich schon einmal in ein Café geflüchtet, nur damit ihn keiner störte. In seiner Not hatte er ganz altmodisch mit Stift und Papier gearbeitet und das Ergebnis am Ende eingescannt.

An Tagen, die ohnehin durch Besprechungen zerstückelt sind, kann man all den Kleinkram erledigen, der sich angesammelt hat. Fangen Sie an solchen Tagen größere Aufgaben gar nicht erst an. Zeit wird einem nicht geschenkt. Man muss sie sich nehmen.

Nachdenklich betrachtete Jorge die Lampions, die über ihm im Baum hingen. Er steckte das Smartphone ein und beschloss, nach Hause zu fahren. Vielleicht war Lenya ja schon daheim.

3.

Talent-
Management

geistige
Wüsten

??? Trampel-
Pfad
(Dank
Schulung)

[43]

geistige
Autobahnen

individuell   unterschiedlich

€

30h

Zeit,
Aufmerksamkeit

4.

Finisher

20

3.   Grundsatzdiskussion

…über den Unterschied zwischen „gleich" und „gerecht".

Jorge riss die Augen auf. In der Küche hörte er Teller klappern. Er fühlte sich erfrischt. In letzter Zeit hatte er öfters nachts wachgelegen und gegrübelt. Die letzten zwei Nächte hatte er jedoch gut geschlafen.

Es war ein schöner Sonntagmorgen im Mai. Sie würden auf der Terrasse frühstücken können. Der Blick in den Spiegel zeigte ihm, dass der leichte Sonnenbrand auf seiner Nase wieder abgeklungen war. Der Platz im Biergarten hatte nur einen Teil der Zeit im Schatten gelegen. Gestern war er seit langem mal wieder mit seiner Frau ins Kino gegangen. Der Artikel über das Zeitmanagement hatte ihn darauf gebracht.

Jorge warf einen kurzen Blick auf sein Smartphone. Immer noch keine Nachricht von Alex. Gestern hatte er x Nachrichten auf WhatsApp geschrieben und sogar dreimal auf dem Festnetz angerufen. Schließlich hatte er eine Botschaft auf dem Anrufbeantworter hinterlassen, doch bislang hatten sich weder Alex noch Christine gerührt. Christine war Alex' Lebensgefährtin. Jorge machte sich langsam wirklich Sorgen.

Beim Frühstück nutzte Lenya die Abwesenheit der Kinder für eine Grundsatzdiskussion. Ihre Tochter wünschte sich nämlich zum Geburtstag ein Smartphone mit Vertrag. Lenya war prinzipiell dafür, da sie so besser Kontakt zu ihrer 16-jährigen Tochter halten könne. Jorge war weniger überzeugt. Es war ja nicht so, dass Julia kein Smartphone hatte. Nur halt kein Smartphone mit Internetzugang auch unterwegs. Wo sollte das denn hinführen? Und was war mit Christoph? Müsste der dann nicht ähnlich bedacht werden? Christoph war nur

18 Monate jünger als Julia und würde sicherlich sofort ein ähnliches Smartphone haben wollen.

Es entspann sich eine Diskussion über die Frage, was eigentlich gerecht sei. Jorge fand es ungerecht, die beiden Kinder ungleich zu behandeln. Lenya erinnerte ihn jedoch an die Geschichte mit Julias Referat neulich. Als es um die Bewertung von Julias Leistung in der Schule ging, hatte er die Sache nämlich völlig anders gesehen. Julia hatte das Referat mit zwei anderen gehalten, die jedoch bei weitem nicht den gleichen Einsatz gezeigt hatten. Sie waren sich einig, dass das schöne Plakat einzig und allein Julia zu verdanken war. Alle drei hatten jedoch die gleiche Note bekommen. War das denn gerecht? Eher nicht. Andererseits, war es denn gerecht, dass ein staatlich anerkannter Legastheniker mehr Zeit für die Schulaufgabe erhält als andere? Irgendwie schon. Es geht ja um die Bewertung der Leistung. Das Handicap sollte da nicht den Ausschlag geben.

Lenya, die früher einmal auf Lehramt studiert hatte, war in Fahrt gekommen. Die Beispiele sollten zeigen, dass es eben nicht immer gerecht ist (bzw. als gerecht empfunden wird), wenn alle auf die gleiche Weise behandelt werden. Dies gelte nicht nur in der Kinder-erziehung, sondern auch für das Projektmanagement. Lenya hatte sich inzwischen selbständig gemacht und beriet Führungskräfte in Unternehmen. Sie überließ es Jorge, den Tisch abzuräumen und suchte hektisch in ihrem Büro nach einem Artikel, den Jorge unbedingt lesen müsse.

Mit einem verhaltenen Seufzer fügte er sich und zog sich ins Bad zurück. Es war eine Buch-Rezension, die schon ziemlich alt war. Das amerikanische Marktforschungsinstitut Gallup hatte Unmengen von Managern interviewt, darunter auch diejenigen, die als besonders erfolgreich galten. Die Meinungsforscher hatten versucht herauszufinden, was diese Super-Manager anders machten als ihre Kollegen und hatten die Ergebnisse der Studie als Buch veröffentlicht.[2] Schon nach wenigen Sätzen verstand Jorge, weshalb Lenya ihm den Artikel gegeben hatte. Offenbar bestand die wesentliche Gemeinsamkeit dieser sonst so unterschiedlichen Führungskräfte darin, dass sie ungerecht waren – und zwar dahingehend, dass sie ihre Mitarbeiter ungleich behandeln. Es bekam eben nicht jeder die gleichen Arbeitskonditionen und auch nicht die gleiche Betreuung. Während der eine Mitarbeiter ungehindert Überstunden schieben konnte, durfte ein anderer zwei Tage die Woche im Home-Office arbeiten und ein Dritter wurde befördert. Es gehe darum, jeden Mitarbeiter individuell zu fordern und zu fördern.

Was um Himmels willen konnte jemanden dazu bewegen, freiwillig Überstunden zu machen? Streit daheim? Ein Zeitsparkonto? Ihm fiel der junge Kerl ein, der neulich gekündigt hatte, weil er im nächsten Sommer eine Weltreise machen wollte, aber keine Zusage bekommen hatte, dann auch wirklich für ein halbes Jahr freigestellt zu werden. Den Wunsch nach Home-Office konnte Jorge hingegen sofort nachvollziehen. Er konnte sich noch gut an die Zeit vor dem Umzug erinnern, als er jeden Tag zwei Autostunden zu seinem Arbeitsplatz gebraucht hatte. Damals war er gerade zum zweiten Mal Vater geworden und war froh gewesen, dass ihm die Firma einen VPN-Zugang bewilligt hatte. So gesehen

---

[2] M. Buckingham, C. Coffman (1999). First, break all the rules. Simon & Schuster. ISBN 0-684-8586-1

war die ungleiche Behandlung gerecht, denn auf jeden wurde individuell eingegangen.

Er hörte, wie Lenya im Flur telefonierte. An ihrer Stimme erkannte er, dass sich offenbar Christoph gemeldet hatte. Ihre Stimme wurde dann immer ganz weich. Mit Julia hingegen gab es in letzter Zeit ständig Streit. Ihre Tochter war voll in der Pubertät.

Jorge dachte an die Mitarbeiter in seinen Projekten. Wieviel wusste er überhaupt über sie? Wäre er in der Lage, individuell auf deren Wünsche einzugehen? Die Frage würde er sich ohnehin in den nächsten Wochen stellen müssen. Es gehörte zu seinen Aufgaben, die alljährigen Mitarbeitergespräche zu führen. Dann ging es darum, die im vergangenen Jahr geleistete Arbeit zu würdigen und individuelle Zielvereinbarungen für das nächste Jahr festzulegen. Außerdem galt es, Maßnahmen zu vereinbaren, die den betreffenden Mitarbeiter befähigen sollten, neue Aufgaben zu übernehmen. Leider war das Budget für Schulungen eher spärlich, was seinen Handlungsspielraum stark einschränkte.

Zum Thema „Schulung" gab es in der Studie eine interessante Theorie. Jeder Mensch habe geistige Autobahnen und geistige Wüsten. Auf den Autobahnen ist er schnell. Die Arbeit fällt ihm leicht. Die Sache macht Spaß. In den geistigen Wüsten ist die Arbeit hingegen zäh und Kräfte raubend. Laut den befragten Managern konnte man durch Schulungen und andere Förder- maßnahmen zwar Trampelpfade durch die Wüsten anlegen, eine Autobahn werde daraus jedoch nie werden. Die Kunst des Managers bestehe darin, den richtigen Mitarbeiter mit der richtigen Tätigkeit zu betrauen. Grundsätzlich sei niemand „zu schlecht" für eine Aufgabe, sondern im Zweifelsfall falsch eingesetzt.

Klasse, dachte sich Jorge. Was ist, wenn es in der Firma keine passende Tätigkeit gibt? Dann, so die Aussage der befragten Manager, sei es für alle Beteiligten besser, sich zu trennen. Das war Jorge dann doch zu amerikanisch gedacht. Das Land war ja nicht gerade für seinen ausgeprägten Schutz der Arbeitnehmer bekannt. Jorge hielt die europäischen Errungenschaften wie Kündigungsschutz und Sozialauswahl jedoch durchaus für sinnvoll. So gesehen hatte der Trampelpfad auch seine Vorteile.

Wirklich neu war Jorge die Theorie mit den geistigen Autobahnen und Wüsten nicht. Deutsche Recruiter sprachen wohl eher von Talentmanagement. Statt den Mitarbeiter zu suchen, der fachlich am besten für eine Tätigkeit qualifiziert ist, halten Talentmanager nach Personen mit passenden Vorlieben und Veranlagungen Ausschau. Fachliche Kompetenzen lassen sich nämlich viel leichter antrainieren als Soft Skills.

In einem Punkt waren die Manager, die sich so wenig an Regeln hielten, wirklich ungerecht. Sie verteilten ihre Zeit und Aufmerksamkeit ungleich auf ihre Mitarbeiter. Ihr Motto war: „Verbringe deine Zeit mit den Besten." Sonst haben diese nämlich eines Tages die Nase voll und verlassen die Firma.

Das Telefon klingelte erneut. Jorge hörte Lenya durch den Flur sprinten und abnehmen. Diesmal klang ihre Stimme besorgt. Sie sagte nicht viel. Nur „Oh je" und „Richte bitte gute Besserung aus". Jorge beeilte sich, im Bad fertig zu werden.

Es war tatsächlich Christine gewesen. Offenbar war Alex am Freitagnachmittag plötzlich ohne jede Vorwarnung zusammengebrochen. Laut Arzt handelte es sich um einen Infekt, der auf den Kreislauf schlägt. Jedenfalls lag Alex mit Fieber im Bett und war für einige Zeit außer Gefecht gesetzt.

4. [Agiles Manifest (2001)]

? ? ? ? ⇐ wichtiger als ⇒ !...

Individuen &
Interaktionen

Prozesse & Werkzeuge

funktionierende SW

umfassende Dokumentation

Zusammenarbeit

Verträge

Umleitung

Reagieren auf
Veränderungen

Befolgen eines Plans

Werkzeugkasten ≠ Agilität = Geisteshaltung

4.   Wir werden agil...

Prinzipien, statt Praktiken

Jorge war gereizt. Inzwischen war Dienstag und nichts ging voran. Alex war nicht das einzige Opfer des Virus, oder was auch immer die Ursache sein mochte. Auch in Jorges Team hatte sich inzwischen ein Entwickler krankgemeldet. In anderen Teams sah es ähnlich aus. Doch die Grippewelle war nicht Ursache für Jorges Gereiztheit. Er bekam gerade vom Divisionsleiter eine Lektion über „Agilität".

Jorge war klar gewesen, dass auch seine Firma irgendwann dem neuen Trend in der Softwareentwicklung folgen würde. Immerhin gab es das agile Manifest ja schon seit 2001. Nun war das Konzept also auch bei ihnen angekommen. In einer groß angelegten Präsentation hatte der Divisionsleiter zunächst das agile Manifest von Kent Beck & Co vorgestellt, welches frei übersetzt lautete:

- Individuen und Interaktionen haben einen höheren Stellenwert als Prozesse und Werkzeuge.

- Funktionierende Software ist wichtiger als umfassende Dokumentation.

- Zusammenarbeit mit dem Kunden hat Vorrang vor Vertragsverhandlungen.

- Reagieren auf Veränderung ist wertvoller als das Befolgen eines Plans.

Jorge kannte das Thema. Seit er im Mitarbeitergespräch zugestimmt hatte, einer der neuen Product Owner zu werden, hatte er damit begonnen, sich schlau zu machen. Daher wusste er auch, dass es den Autoren des agilen Manifests nicht darum ging, Prozesse, Dokumente, Verträge und Pläne abzuschaffen, sondern den Fokus wieder mehr auf die eigentlich wichtigen Werte zu lenken. Dazu postulierten sie zusätzlich 12 Prinzipien, die Jorge im Geiste in fünf Gruppen zusammenfasste:

1. Kundenzufriedenheit hat höchste Priorität. Man erreicht sie, indem man dem Kunden früh und kontinuierlich – also innerhalb weniger Wochen – wertvolle Software liefert. Grundsätzlich gilt: je kürzer die Zeitspanne, desto besser. „Wertvoll" ist die Software, wenn sie lauffähig ist. Dementsprechend lässt sich der Fortschritt der Entwicklung am besten daran messen, wie viel funktionierende Software bereits erstellt wurde.

2. Anforderungsänderungen sind etwas Positives, selbst wenn sie spät in der Entwicklung auftauchen. Wenn sie noch umgesetzt werden, bedeuten sie einen Wettbewerbsvorteil für den Kunden. Auch die anfangs festgelegten Entwicklungsprozesse sollten nicht starr beibehalten werden. Stattdessen sollte das Team in regelmäßigen Abständen reflektieren, wie es effektiver werden kann und sein Verhalten entsprechend anpassen.

3. Kommunikation ist das A und O, die tägliche Zusammenarbeit von Fachexperten und Entwicklern ein Muss. Die effizienteste und effektivste Kommunikationsmethode ist und bleibt das Gespräch von Angesicht zu Angesicht. Das setzt voraus, dass die Ansprechpartner tatsächlich verfügbar sind und möglichst nahe zusammensitzen.

4. Motivierte Individuen leisten die beste Arbeit. Man muss ihnen nur das Umfeld und die erforderliche Unterstützung liefern und dann darauf vertrauen, dass sie die Aufgabe pflichtschuldig erledigen. Dazu müssen sie sich selbst organisieren dürfen. Sobald ein solches Team erst einmal Fahrt aufgenommen hat, sollte es in der Lage sein, ein gleichmäßiges Tempo auf unbegrenzte Zeit halten zu können.

5. Je einfacher eine Lösung ist, desto besser. Es ist ein erklärtes Ziel agiler Prozesse, möglichst viel Arbeit „wegzuoptimieren". Technische Schulden sind ganz schlecht, da sie auf Dauer eben doch Arbeit machen. Stattdessen muss das Augenmerk ständig auf technischer Exzellenz und gutem Design liegen.

Diesen Teil hatte der Divisionsleiter jedoch geflissentlich übersprungen. Stattdessen war er nahtlos zu den agilen Praktiken gesprungen, die dabei helfen sollen, die Prinzipien umzusetzen. Unter anderem hatte er lange über das „Standup Meeting" gesprochen, einer täglich durchzuführende ultra-kurzen Besprechung, bei der sich das gesamte Team untereinander austauscht. Jorge fand einen 10 Minuten langen Monolog über eine 15-minütige Besprechung irgendwie widersinnig. Ab da war er ungeduldig geworden und hatte den Ausführungen über die verschiedenen agilen Vorgehensmodelle nur noch bedingt zugehört. Es würde ohnehin auf Scrum hinauslaufen. Scrum hat den Vorteil, sehr klare Regeln vorzugeben, die man im Internet findet. Allerdings wandten nur wenige Firmen die im „Scrum Guide" definierte reine Lehre an. Auch seine Firma würde sich einzelne agile Praktiken herauspicken und den Rest für nicht so wichtig erklären.

Prinzipiell war dagegen auch nichts einzuwenden, solange nicht wesentliche Grundsätze über Bord gingen. Doch Jorge war sich jetzt schon sicher, dass es ihm mit seinen vier Projekten schwerfallen würde, allzeit für sein Team verfügbar zu sein. Außerdem wusste der bisherige Produktmanager sehr viel besser als er über die Kundenwünsche Bescheid. Dieser war jedoch ständig unterwegs und bestenfalls per Telefon erreichbar. Wie sie da „agil" werden sollten, war Jorge unklar.

Die Idee, ein extrem motiviertes und kompetentes Team aufzubauen, welches mit konstanter Geschwindigkeit durch die Iterationen braust, gefiel Jorge sehr gut. Dies würde ihm ein Argument an die Hand geben, sich gegen die häufigen personellen Änderungen zu wehren, die ihm in der Vergangenheit schon öfter Kopfschmerzen bereitet hatten. Vielleicht würden sie es ja sogar schaffen, Zeit für die Bereinigung unsauberen Quellcodes einzuplanen und so technische Schulden abzubauen. Das Wort „Refactoring" war allerdings bislang noch nicht gefallen.

Jorge kam das alles viel zu technisch vor. Für ihn war Agilität weniger eine Methode, sondern eher eine Grundeinstellung. Die eigentliche Schwierigkeit bestand darin, die Grundhaltung der beteiligten Personen – und nicht zuletzt des Managements – zu ändern. Das hatte er aus den zahlreichen Erfahrungsberichten zur agilen Transition in Zeitschriften und Konferenzbeiträgen immer wieder herausgelesen.

Jorge setzte voll auf seine persönlichen Favoriten unter den agilen Prinzipien:

- „Wehret den Anfängen!"
  Sobald bei einem leerstehenden Haus die erste Fensterscheibe zerbrochen ist, geht der Verfall rapide voran. Weitere Scheiben werden mutwillig eingeworfen, Müll wird in das Haus geworfen, keiner schert sich mehr um den Erhalt der Substanz. Genau das Gleiche passiert bei Software. Sobald der erste „schludert", ist es vorbei. Daher gilt: „Wehret den Anfängen".

- „Qualität ist nicht verhandelbar"
  Qualität hat höchste Priorität. Kompromisse hinsichtlich der Qualität sind nicht akzeptabel. Dieses Prinzip stößt regelmäßig auf Widerstand im Management. Zusammen mit „Wehret den Anfängen" ergibt es jedoch sauber entwickelte und gut getestete Produkte. Es lohnt sich also, das Prinzip selbst zu verhandeln.

- „Die Tür ist zu!"
  Besser bekannt unter dem Namen „Closed Window", knüpft das Prinzip der geschlossenen Tür an Grundsätze der guten Erziehung an. Geschlossene Türen sind zu respektieren. Wir platzen beim Arzt ja auch nicht einfach in die Sprechstunde eines anderen rein. Gerade dies passiert bei der Arbeit jedoch ständig. In Scrum ist festgelegt, dass das Team während einer Iteration von Änderungswünschen verschont bleiben muss. Jeder Projektmanager sollte es als seine Aufgabe ansehen, das Team vor Störungen zu schützen.

- „Done is better than perfect!"
  Perfektionisten werden praktisch nie fertig. Agile Vorgehensweisen unterbinden dies weitgehend. Am Ende einer Iteration muss das Projekt ein Stück

vorangekommen sein und eine lauffähige Software geliefert werden. Es wird also etwas abgeschlossen, was nicht bedeutet, dass es später nicht noch einmal geändert werden darf.

- „Visualisiere!"
  Scrum und Kanban arbeiten mit sogenannten Task Boards, auf denen die Aufgabenpakete langsam von links (offen) über verschiedene Stationen (in Arbeit, zu testen) nach rechts (erledigt) wandern. So können alle im wahrsten Sinne des Wortes „sehen", ob und wie schnell es voran geht. Doch auch die Systemarchitektur und selbst geplante Testabläufe lassen sich graphisch darstellen und damit leichter erfassen und diskutieren.

Noch Fragen? Jorge schreckte hoch. Offenbar war der Divisionsleiter am Ende seiner Ausführungen angelangt. Klar, er hatte jede Menge Fragen. Zum Beispiel, ob die Erfinder von eXtreme Programming, Kanban und Scrum nicht eigentlich nur bewährte Methoden geschickt neu verpackt hätten, damit sie endlich ernst genommen würden. Andererseits – noch war es in der Kantine nicht so voll. Es kam oft genug vor, dass er an der Tür wieder abdrehte, weil er keine Lust hatte, sich in die Schlange einzureihen. Dann kam er abends schlecht gelaunt und gereizt nach Hause, was dem Familienfrieden nicht gerade zuträglich war. Er machte den anderen ein Zeichen und sie gingen essen.

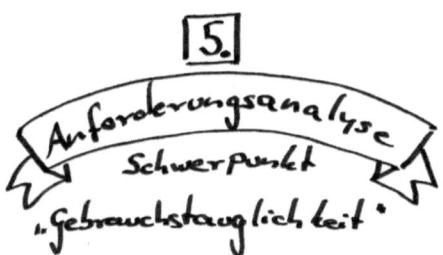

Anforderungsanalyse

Schwerpunkt

„Gebrauchstauglichkeit"

Nutzungs-
kontext

Nutzer

♂♀ . Alter , Wissen, …

(Vision)

⇩

(Ziel)

⇩

Stakeholder-
Anforderungen

=

Nutzungs-
anforderungen

+ andere
Anforderungen

„Der <…> muss <…>
kennen/wissen/tun, um
<…>   (Erfordernis)

⇩

„Der <…> muss am
System <…>, um <…>"

(Nutzungsanforderung)

5. Dramatische Besprechung

...über den Unterschied zwischen Ziel, Erfordernis und Anforderung

In der Kantine war es tatsächlich auffällig leer gewesen. Auch in vergangenen Jahren war es immer mal wieder zu erhöhten Ausfällen auf Grund einer Grippe oder eines hässlichen Darminfekts gekommen, aber Jorge konnte sich nicht erinnern, dass es jemals so heftig gewesen war. Nach dem Mittagessen hatte er kurz hintereinander zwei weitere Mitarbeiter nach Hause geschickt. Einer davon war so bleich gewesen, dass er kurz überlegt hatte, ob er ein Taxi rufen sollte.

Ganz den Grundsätzen des Zeitmanagements folgend hatte er sich den Nachmittag für sein jüngstes Projekt reserviert. Dabei ging es um die Neuentwicklung der Benutzeroberfläche eines etablierten Produkts. Das Produktmanagement hatte die Devise ausgegeben, das Produkt solle „modernisiert" werden und auch für „ältere Menschen zugänglich" sein. Mit anderen Worten: etwas App-artiges mit schickem Design, was auch Smartphone-Muffel bedienen können oder auch die Quadratur des Kreises.

Jorge stand nun vor der Aufgabe, Anforderungen an die Benutzeroberfläche zu formulieren. Die eigentliche Entwicklung sollte nämlich durch einen Dienstleister erfolgen, und zwar ganz klassisch mit Anforderungs- und Designspezifikation sowie Tests auf allen Ebenen. Die Frage war nun, ob die Anforderungen eher allgemein oder besser sehr konkret, also im Detail ausformuliert, sein sollten. Jorge schwankte zwischen der allgemeinen Forderung *„Die Anwendung soll auch durch ältere Kunden bedient werden können"* und der ganz konkreten Anforderung *„Alle Texte sind mindestens in einer Schriftgröße von 14pt anzuzeigen"*.

Aus Erfahrung wusste Jorge, dass detailliert ausformulierte Anforderungen zwar wunderbar einzeln zu überprüfen sind, die Zusammenhänge und das große Ganze dabei jedoch verloren zu gehen drohen. Nur selten haben die Entwickler wirklich eine konkrete Vorstellung davon, in welchem Umfeld und für welchen Zweck das neue Produkt eingesetzt werden soll. Ohne dieses Hintergrundwissen kann es zu falschen oder zumindest suboptimalen Design-Entscheidungen kommen. Durch die vorgegebene Schriftgröße gezwungen, Texte zu kürzen, wird der Entwickler vermutlich auf Abkürzungen oder Anglizismen zurückgreifen, die für geübte Smartphone-Benutzer selbsterklärend sind. Für die eigentliche Zielgruppe handelt es sich jedoch lediglich um kryptische Zeichen. Mit seiner allgemeinen Formulierung würde der Dienstleister aber auch nichts anfangen können.

Jorge hatte eindeutig das Gefühl, als Bock zum Gärtner gemacht worden zu sein. Seine Einstellung zum Thema Gebrauchstauglichkeit ließ sich gut mit der Devise vereinbaren: „Ich weiß, dass ich nichts weiß". Diese Selbsterkenntnis machte ihn vorsichtig. Er beschloss, einen Kollegen zu suchen, der sich mit dem Thema auskannte.

Eine halbe Stunde später saß er mit Amir in einem kleinen fensterlosen Besprechungszimmer. Amir erklärte ihm, dass es für die Bewertung der Gebrauchstauglichkeit essentiell sei, den Verwendungszweck, den Nutzungskontext und die typischen Nutzer zu kennen. Ein auf Gebrauchstauglichkeit ausgerichteter Entwicklungsprozess beginne daher mit der Ermittlung der Erfordernisse. Erfordernisse leiten sich direkt aus dem zu Grunde liegenden Ziel ab. Amir suchte nach einem Beispiel und dachte dabei wohl an die anstehenden Wahlen. Wenn es mein Ziel sei, Einfluss auf Regierungsentscheidungen zu nehmen, und ich nicht gleich Bundesminister oder Terrorist werden wolle, dann sei es erforderlich, sich als Abgeordnete in den Bundestag wählen zu lassen. Nun gibt es zwei Lösungsansätze: Entweder ich überzeuge eine größere Partei, mich sehr weit vorne auf die Liste zu setzen, oder ich trete als Direktkandidat an und gewinne ausreichend Wählerstimmen für mich. Erst nachdem ich diese Grundsatzfrage geklärt habe, könne ich entscheiden, welche nächsten Schritte sinnvoll sind.

Amir stand auf und steuerte auf das Flipchart zu. Dabei schwankte er plötzlich und musste sich abstützen. Jorge fragte, ob Ramadan sei und bot an, die Besprechung zu verschieben. Etwas genervt erklärte Amir, Ramadan sei längst vorbei. Er bestand darauf, die Zusammenhänge zwischen Zielen, Erfordernissen und Anforderungen aufzumalen. Es entstand ein hübsches Übersichtsbild. Ganz oben thronte die Vision, auf die alles ausgerichtet sein sollte: Klimaschutz. Jorge grinste. Er hatte gar nicht gewusst, dass Amir so ökologisch dachte. Es juckte ihn, eine Diskussion über den Missbrauch von Begriffen zu beginnen. Das Klima musste nicht geschützt werden. Dem ging es gut, ganz gleich ob warm oder kalt. Es ging darum, unsere Lebensqualität zu erhalten. Nur mit Mühe verkniff er sich jeden Kommentar und bat Amir, bei seinem Beispiel mit der gebrauchstauglichen App zu bleiben.

Sie brauchten eine Viertelstunde, um zu klären, was tatsächlich die Vision und was die konkreteren Ziele waren. Schließlich einigten sie sich darauf, dass die Vision darin bestand, den Zugang zu Informationen für alle Anwender zu vereinfachen. Daraus leitete sich das Ziel ab, dass die App für alle Altersgruppen ausgelegt und somit auch für ältere Menschen nutzbar sein sollte. Aus diesem Ziel leiteten sie nun die Erfordernisse ab. Amir bestand darauf, ein festes Satzschema zu verwenden. *„Der <Rolle> muss xyz kennen/wissen/tun, um..."* Die Übung war erstaunlich schwierig, weil Amir jedes Mal widersprach, sobald das Produkt im Satz vorkam. Das sei die falsche Ebene. Sie übten mit unterschiedlichen Beispielen:

- *Der Kunde muss Vergleichsangebote kennen, um eine Kaufentscheidung treffen zu können.*
- *Der Autofahrer muss den weiteren Verlauf des Wegs wissen, um sich richtig einordnen zu können.*
- *Die Stationsschwester muss den Blutdruck überwachen, um ggf. eingreifen zu können.*

Erst jetzt wandten sie sich den sogenannten Nutzungsanforderungen zu. Amir betonte, dass es sich nicht um NutzERanforderungen, sondern um NutzUNGSanforderungen handele. Das seien alle Anforderungen, die sich direkt aus der Nutzung ableiten ließen. Nutzeranforderungen sei der allgemeinere Begriff, der noch andere Anforderungen wie elektromagnetische Verträglichkeit enthielte. *„Der Kunde muss am System den Preis des Produktes ablesen können, um diese vergleichen zu können."* „Ist das nicht dasselbe?" Jorge war verwirrt. Amir widersprach sofort. Es sei wichtig, sich zunächst unabhängig vom System Gedanken über die Erfordernisse zu machen. An dieser Stelle werde eine grundlegende Weiche gestellt. Schließlich gibt es drei

Möglichkeiten für den Autofahrer, sich bezüglich des Wegs schlau zu machen. Er kann eine Karte lesen, das Navi benutzen oder seinem Beifahrer vertrauen.

„Na schön. Damit kann mein Dienstleister aber immer noch nichts anfangen. Wie komme ich jetzt zur Systemanforderung?" Nun, das System müsse den Preis natürlich anzeigen. Und an dieser Stelle müsse man dann das Risiko betrachten, dass etwas schief gehe. Der Anwender könne den Preis falsch ablesen, falsch interpretieren oder einfach auch falsch angezeigt bekommen. „Falsch Ablesen" könne wiederum verschiedene Ursachen haben: Schrift zu klein, Kontrast zu schlecht. Außerdem könne der Anwender Fehler haben... äh... machen und die App missverstehen.

Im künstlichen Licht des Besprechungszimmers und trotz des südländischen Teints sah Amir kreidebleich aus. Irgendetwas stimmte definitiv nicht mit ihm. Seine Ausführungen wurden immer unzusammenhängender, seine Schrift immer krakeliger. Plötzlich kippte er wie ein Kartenhaus in sich zusammen. Jorge schreckte hoch. So musste es bei Alex auch gewesen sein. Er stürzte zum Telefon und rief den Werksschutz an.

Vierzig Minuten später standen der Betriebsarzt, ein Notarzt und ein Rettungssanitäter im Besprechungszimmer. Sie hatten Amir auf die Tische gelegt und mit Wasser versorgt. Der Notarzt gab Anweisungen. Jorge musste den Raum verlassen, sollte aber noch in Rufweite bleiben. Amir wurde zum Krankenwagen gebracht. Jorge wunderte sich ein wenig über die Handschuhe und den Atemschutz der Rettungskräfte. War die Grippe wirklich so ansteckend? Falls ja, hatte er sich vielleicht auch schon angesteckt?

Offenbar teilte der Betriebsarzt seine Sorge. Jorge könne jetzt nach Hause gehen, solle aber vorsichtig sein. Kein Kontakt zu Schwangeren, Säuglingen oder älteren Menschen. Beim ersten Anzeichen von Unwohlsein solle er sich ins Krankenhaus begeben. Mit diesem Infekt sei wirklich nicht zu spaßen. Mit mulmigem Gefühl stieg Jorge ins Auto und fuhr heim. Er beschloss, daheim nichts von dem Zwischenfall zu erzählen, um Lenya nicht zu beunruhigen.

Antreiber)

6.

Gefalle!

Sei schnell!

1 5km

Müh dich!

Sei perfekt!

Sei stark!

Erlauber)

Los!

Reicht!

80%

Nein!

6.   Zoff daheim

Was uns antreibt

Am Frühstückstisch herrschte dicke Luft. Julia war gestern Abend nicht wie versprochen um 21 Uhr, sondern erst kurz vor Mitternacht heimgekommen. Angeblich hatten sie Plakate für eine Demo gemalt. Mit einem passenden Handy-Vertrag hätte sie ja eine WhatsApp schreiben können, aber so...

Jorge kochte noch immer innerlich. Nicht nur, dass er sich gestern mit Julia gestritten hatte. Dann war ihm Lenya auch noch in den Rücken gefallen. Er solle doch froh sein, dass sich seine Tochter politisch engagiere und nichts mit Jungs hatte. Nein, Jorge war nicht froh, zumal er gar nicht so sicher war, dass keine Jungs im Spiel waren. Ihn fuchste, dass Lenya seine Autorität in Frage stellte. So etwas konnte er gar nicht haben. Am Ende hatte er sich richtig mit Lenya gestritten.

Heute früh wollte Lenya die Sache bereinigen. Ihr Versuch war jedoch durch eine pampige Antwort von Julia im Keim erstickt worden. Er hatte daraufhin eine (zugegebenermaßen ziemlich bissige) Bemerkung gemacht, die Türen hatten geknallt und nun saß er mit seiner tränenüberströmten Frau allein am Tisch. Wieder einmal wurde Jorge klar, wie unterschiedlich sie beide tickten. Anders als Lenya war ihm Harmonie nicht so wichtig. Er konnte Konflikte ganz gut aushalten. Es war ihm auch nicht so wichtig, was andere von ihm hielten. Bei der Arbeit war das manchmal ganz hilfreich. Dafür konnte er nicht so schön präsentieren, wie Lenya es tat. Wenn Lenya einen Vortrag halten sollte, gab sie sich immer unheimlich viel Mühe mit der Ausarbeitung. Jorges Präsentationen waren eher trocken. Trotzdem brauchte er in der Regel sehr viel länger für die Vorbereitung. Lenya hatte natürlich mehr Übung, aber sie war generell immer sehr schnell. Sie konnte aus einer Minute 61 Sekunden herauspressen.

Er sah Lenya an. Sie schniefte noch immer vor sich hin. Jorge fühlte sich in die Enge gedrängt. Natürlich wollte er nicht, dass seine Frau unglücklich war. Nur – sollte er deswegen seine Prinzipien völlig hintenanstellen? Außerdem taten sie dem Kind nichts Gutes, wenn sie einfach alles durchgehen ließen. Wortlos räumte er den Tisch ab und ging sich rasieren.

Als er wieder in die Küche kam, saß Lenya bereits im Arbeitszimmer am Computer. Offenbar schrieb sie wieder an ihrem Buch, welches sie mit einer Kollegin veröffentlichen wollte. Das tat sie im Augenblick in jeder freien Minute. Jorge hatte oft den Eindruck, dass es sie an die Grenzen der Belastbarkeit brachte. Er gab ihr einen Kuss auf die Stirn und fragte vorsichtig, ob sie nicht mal einen Tag Pause einlegen wolle. Sie schüttelte nur den Kopf und tippte weiter. Jorge gab es auf.

Im Auto auf dem Weg zur Arbeit dachte er darüber nach, wie unterschiedlich die Menschen doch gestrickt waren. Er kannte jede Menge Theorien über die menschliche Psyche. Schon Freiherr von Knigge hatte die Menschen in vier „Temperamente" eingeteilt: Choleriker, Phlegmatiker, Melancholiker und Sanguiniker. Wobei auch der Freiherr schon erkannt hatte, dass die Welt nicht schwarz/weiß ist und dass sich in jedem Menschen Temperamente mischen. Auch das DISG-Modell unterschied vier Typen: D für dominant, I für initiativ, S für stetig und G für gewissenhaft. Er hatte den DISG-Persönlichkeitstest einmal in einer Schulung ausgefüllt. Das Ergebnis war ein hübsches Spinnendiagramm gewesen, das zwar halbwegs schlüssig schien, aber nicht wirklich hilfreich gewesen war. Stattdessen hatte ihn ein anderes Konzept überzeugt, welches auf den Begründer der Transaktionsanalyse, Eric Berne, zurück geht. Danach gibt es fünf innere Antreiber, die unser Empfinden und unser Handeln mehr oder weniger ausgeprägt beeinflussen:

1. Sei stark!
2. Sei perfekt!
3. Sei schnell!
4. Müh dich!
5. Gefalle!

Laut Theorie besitzt jeder Mensch einen Hauptantreiber sowie einen zweiten, der ebenfalls recht stark ausgeprägt ist. Die drei anderen beeinflussen uns hingegen deutlich weniger.

Unter normalen Umständen sind diese Antreiber ganz harmlos. Sie führen dazu, dass wir unsere Arbeit machen, wie wir es für richtig halten. Die einen sind erst zufrieden, wenn das Ergebnis 100% fehlerfrei ist (Sei perfekt!). Andere liefern ihre Ergebnisse überpünktlich (Sei schnell!). Wieder andere lassen sich – zumindest nach außen – durch nichts aus der Ruhe bringen (Sei stark!). Manche zeichnen sich durch extreme Ausdauer und Hartnäckigkeit aus (Müh dich!) oder brillieren in der positiven Darstellung der geleisteten Arbeit nach außen (Gefalle!).

Wenn die Dinge jedoch nicht so laufen, wie sie sollten, dann entpuppen sich die Antreiber als bösartig. Menschen, deren Hauptantreiber „Sei stark" ist, können nur schwer zugeben, dass ihnen die Arbeit zu viel wird. Man wird ihnen die Überlastung nicht anmerken, bis sie eines Tages mit Burnout krankgeschrieben werden. Wer sich von der Maxime „Sei perfekt" antreiben lässt, wird unter Stress extrem langsam werden. Schließlich kann ich ja die Arbeit nicht abgeben, solange ich noch Zweifel an ihrer Qualität habe. Der Antreiber „Sei schnell" fühlt sich an wie eine Peitsche, die den Kreisel (also die betreffende Person) auf immer schnellere Umdrehungen bringt, während „Müh dich" zu Unmengen von Überstunden führt. „Gefalle" führt im Extrem dazu, dass der- oder diejenige die eigenen Wünsche völlig hintenanstellt, bis die Person eines Tages frustriert alles hinschmeißt, um sich auch mal was zu gönnen.

Lenyas Antreiber war eindeutig „Sei schnell", dicht gefolgt von „Gefalle". Jorges Hauptantreiber war „Sei stark". Beim zweiten Antreiber war er sich weniger sicher. Vermutlich war es „Sei perfekt". „Müh dich" war in der gesamten Familie nicht anzutreffen, was insbesondere Christophs Schulnoten klar belegten. Laut Lenya erkannte man seine persönlichen Hauptantreiber an der inneren Stimme, die einem in Stresssituationen zuraunt, man müsse sich mehr beeilen, präziser oder mehr arbeiten, mehr Härte zeigen oder sich noch mehr auf die anderen einstellen. Natürlich gab es auch Persönlichkeitstests im Internet. Lenya verwendete sie manchmal bei ihren Coaching-Projekten.

Jorge fand es ganz hilfreich zu wissen, was den persönlichen Stresspegel tatsächlich in die Höhe treibt. Schließlich ist es nicht die Arbeitslast an sich, die jemanden in den Burnout treibt, sondern die Diskrepanz zwischen den eigenen inneren Ansprüchen und den von außen vorgegebenen Restriktionen. Sobald man seine Antreiber kennt, kann man sich erlauben, nicht auf sie zu hören. Lenya entschleunigte bewusst, indem sie sich regelmäßig Zeit für „Unproduktives" wie Kaffeetrinken mit einer Freundin genehmigte. Perfektionisten können sich auch mal eine 80%-Lösung erlauben und sich damit trösten, dass sie immer noch perfekter sein wird, als die Arbeit der Kollegen. Ihm hatte Lenya gesagt, er dürfe ruhig mal Emotionen zeigen und trotz der ToDo-Liste joggen gehen. Na ja…

Jorge ließ einen Schwung Radfahrer vorbei. Es waren alles Schüler auf dem Weg zur ersten Stunde. Nur gelegentlich stachen ein hellblaues Hemd oder ein Jackett heraus.

Laut Theorie bekommen wir unsere Antreiber von den Eltern vermittelt. Jorge überlegte, was wohl Julias und Christophs Antreiber waren und ob das Modell überhaupt auf die jüngere Generation passte. Es gab Weiterentwicklungen mit anderen Antreibern wie „Sei cool" oder „Sei vorsichtig". Ihm wurde es da jedoch zu kompliziert. Natürlich stellten die fünf Antreiber die Realität nur vereinfacht dar. Auch Freiherr von Knigges Temperamente waren ja nicht die ganze Wahrheit. Dafür konnte man das Modell schnell und einfach anwenden.

Das Smartphone summte. Jorge widerstand der Versuchung, sofort auf das Display zu schauen. Allerdings nur bis zur Ampel. Schnell überflog er die Nachricht von Christine. Was sie schrieb, klang nicht gut. Alex ging es anscheinend immer noch nicht besser, sogar eher schlechter. Er nahm sich vor, heute Abend mal bei den beiden anzurufen.

Delegieren

(✓) Richtig

Diesmal du

Ziel

Verstanden

Bitte ändere noch ...

Ok

7.   Ein Meister im Delegieren

…oder doch nur arbeitsscheu?

Es fiel ihm genau in dem Moment wieder ein, als er die Haustür aufschloss. Er hatte versprochen, Brot mitzubringen. Eilig legte Jorge die Laptop-Tasche ab. Lenya schien nicht daheim zu sein. Den Zettel auf dem Esstisch übersah er und stürmte sofort wieder zur Haustür hinaus. Einen Moment lang zögerte Jorge, ob er das Auto nehmen sollte. Dann beschloss er, die paar Schritte bis zum Gewerbegebiet zu laufen. Die Bewegung würde ihm guttun. Zum Joggen war er ja die ganze Woche noch nicht gekommen.

Jorges Doppelhaushälfte lag in einem Vorort der Stadt. Früher hatten hier nur ein paar Bauernhöfe gestanden. Die Umgebung war auch jetzt noch recht ländlich. Nur wenige Schritte stadtauswärts lagen die ersten Kornfelder. In die Innenstadt brauchte man mit dem Fahrrad knapp 20 Minuten, mit dem Bus in etwa genauso lang.

Die Auswahl beim Bäcker war bescheiden. Dass sie um diese Uhrzeit sein Lieblingsbrot mit den Haselnüssen nicht mehr hatten, war völlig normal. Doch auch ansonsten war die Auslage geplündert. Jorge wählte ein dunkles Vollkornbrot und fünf Baguette-Brötchen. Damit hoffte er, nichts falsch zu machen. Er machte noch einen Abstecher in den Supermarkt und kaufte sich Rasiercreme.

Wieder daheim war Jorge ganz froh, dass er Lenyas Notiz nicht gelesen hatte. Er hätte sich sonst nur geärgert. Lenya war gerade mit Christoph von einem Termin mit dem Schuldirektor heimgekehrt. Christoph hatte geschwänzt und war so dumm gewesen, sich dabei erwischen zu lassen. Wieder stellte Jorge fest, dass Lenya und er nicht die gleichen Schwerpunkte in der Kindererziehung setzten. Lenya regte sich furchtbar auf, als wäre einmal Schwänzen der Anfang vom Ende. Nach außen hin gab Jorge ihr recht. Innerlich musste er jedoch schmunzeln. Er fühlte sich in seine eigene Schulzeit zurückversetzt. Nicht jeder, der gelegentlich schwänzt, landet in der Gosse. Er selbst war ein lebender Beweis dafür. Allerdings hütete er sich davor, diese Gedanken in Christophs Gegenwart laut auszusprechen.

Christoph nahm die Aufregung seiner Mutter mit stoischer Ruhe zur Kenntnis. „Mama, es ist doch nichts passiert. Wegen dem einen Mal werden sie mich schon nicht von der Schule werfen." Jorge musste grinsen und drehte sich schnell weg. Christoph hatte es trotzdem gesehen.

Im Innersten seines Herzens bewunderte Jorge seinen Sohn für dessen Fähigkeit, sich durchzuwursteln. Christoph war ein Meister im Delegieren. Er fand fast immer jemanden, der ihm die unangenehmen Aufgaben abnahm, sei es in der Schule, sei es daheim im Haushalt. Dabei war es Christoph herzlich egal, wie gut die Hausaufgaben erledigt wurden. Hauptsache, er konnte etwas vorweisen. Diese Art und Weise zu delegieren war natürlich nicht gut. Man kann nicht nur unangenehme Arbeiten weitergeben und die angenehmen Tätigkeiten selbst übernehmen. Wenn Jorge das machen würde, wären seine Mitarbeiter innerhalb kürzester Zeit völlig demotiviert. Christoph hatte offensichtlich einen Weg gefunden, dieses Problem zu umgehen. Jorge hatte ihn im Verdacht, als Gegenleistung seine Freunde bei sich im Zimmer den Pay-TV-Kanal schauen zu lassen.

Jorge hatte das Delegieren erst mühsam lernen müssen. Er führte es auf seine Antreiber zurück. Erstens mochte er keine Hilfe annehmen und zweitens hatte er hohe Ansprüche an die Qualität der Arbeit, denen kaum jemand gerecht werden konnte. Bis heute tat er sich schwer damit, wenn eine Aufgabe anders erledigt wurde, als er es getan hätte. Einzig und allein der ständige Zeitdruck hatte ihn dazu gebracht, nicht mehr jede englische Formulierung zu korrigieren. Solange der Sinn erkennbar war, musste er eben akzeptieren, dass Artikel fehlten oder die Satzzeichen nicht systematisch verwendet wurden. Zwar störten ihn diese Punkte immer noch, aber inzwischen konnte er damit leben. Anders ging es nicht. Er schien ohnehin der Einzige zu sein, dem diese Punkte überhaupt auffielen.

Erheblich einfacher fiel ihm das Delegieren, wenn er die Aufgabe wirklich vollständig loslassen konnte. Das ging leider nur mit einigen seiner Mitarbeiter. Denen erklärte er dann das Ziel, die Aufgabe sowie die zu erfüllenden Qualitätskriterien. Wenn perfektes Englisch wichtig war, so kommunizierte er dies und überließ es seinen Mitarbeitern, sich einen Muttersprachler für das Lektorat zu suchen. Er stand immer als Ansprechpartner bereit, half bei Problemen und hatte ein Auge auf die Lieferung. Letztlich war ihm aber egal, wie die Arbeit umgesetzt wurde. Hauptsache, der Empfänger war zufrieden.

In ihrer Familie war es lustigerweise ausgerechnet Lenya, die am wenigsten gut delegieren konnte. Er hatte es schon lange aufgegeben, die Spülmaschine einzuräumen, weil er es ja doch immer falsch machte. Sie hatte ihm allerdings auch nie ihre Systematik erklärt. (Möglicherweise hatte er aber auch nur nicht richtig zugehört.) Lenya tappte regelmäßig in eine Falle, die er selbst versuchte zu umgehen. Wenn man immer am

Ende alles nochmal selbst korrigiert, weiß der andere gar nicht, was falsch war und kann es daher beim nächsten Mal auch nicht besser machen. Er hatte sich inzwischen angewöhnt, nochmal eine Runde drehen zu lassen, wenn er mit den gelieferten Arbeitsergebnissen nicht zufrieden war. Natürlich war die Korrektur in der Regel schneller durchgeführt als erklärt, aber er betrachtete die Zeit als Investition in die Zukunft.

Das VBA-Makro, welches er vor einiger Zeit mal „schnell selbst geschrieben" hatte, war ihm eine Lehre gewesen. Im Grunde war er damals einfach nur zu bequem gewesen, jemandem zu erklären, was dieses kleine Programm leisten sollte. Das hatte in der Folge dazu geführt, dass nur er in der Lage war, Änderungen an diesem Makro durchzuführen – und natürlich hatte es Änderungswünsche gegeben. Unterm Strich hatte er viel Zeit mit der Suche nach Fehlern im Quellcode verbracht, obwohl dies gar nicht zu seinen Aufgaben gehörte.

Lenya beruhigte sich langsam wieder. Christoph war nun doch ein wenig zerknirscht und gelobte Besserung. Vielleicht würden sie jetzt endlich zum Abendessen übergehen können. Plötzlich fiel ihm Alex wieder ein. Er ging ins Nebenzimmer und rief Christine an, die jedoch nicht abnahm.

Das Abendessen verlief friedlich. Julia war die Liebenswürdigkeit in Person. Ihr war es offensichtlich ganz recht, dass zur Abwechslung mal ihr Bruder in den Fokus des elterlichen Zorns geraten war. Einen Moment lang war Jorge versucht sie zu fragen, für welche Demo das Plakat eigentlich gedacht war, unterließ es dann jedoch. Er konnte sich die Antwort nämlich denken und wollte Lenya nicht noch weiter belasten. Die Klimademo war schließlich auch während des Schulunterrichts. Das hätte zwangsläufig zu neuem Streit geführt. Stattdessen schauten sie sich gemeinsam einen Film im Fernsehen an. Es war ein richtig harmonischer Abend.

Kurz vor dem Zubettgehen warf er noch einen Blick auf sein Smartphone. Christine hatte eine Nachricht geschrieben. Der Hausarzt hatte es mit der Angst zu tun bekommen und Alex ins Krankenhaus eingewiesen. Das Foto zeigte Alex wenig überzeugend lächelnd am Tropf hängend. Christine schrieb auch, dass es im Krankenhaus von ähnlichen Fällen nur so wimmele. Einige davon lägen sogar auf der Intensivstation. Die Ärzte wirkten ziemlich ratlos.

Jorge schrieb ein paar tröstende Zeilen zurück. Dann schaute er noch auf die Internetseite der Lokalzeitung. Die Grippewelle hatte es dort bereits auf Seite 1 geschafft. Das Ganze habe den Charakter einer Epidemie. Bislang wüssten die Ärzte weder, was der Auslöser sei, noch wie sie übertragen werde. Besonders rätselhaft war, dass die Krankheit bislang sehr lokal auftrat. Möglicherweise handele es sich um eine Tropenkrankheit, die von einem Urlauber eingeschleppt worden sei. Allerdings habe es, bis auf wenige Ausnahmen, zwischen den Patienten keinen nach-weislichen Kontakt gegeben.

Den Link auf den Artikel über die spanische Grippe Anfang des letzten Jahrhunderts klickte Jorge nicht mehr an. Stattdessen ging er ins Bett und nahm seine Frau in den Arm. Er wollte nicht darüber nachdenken, was alles Schlimmes passieren könnte.

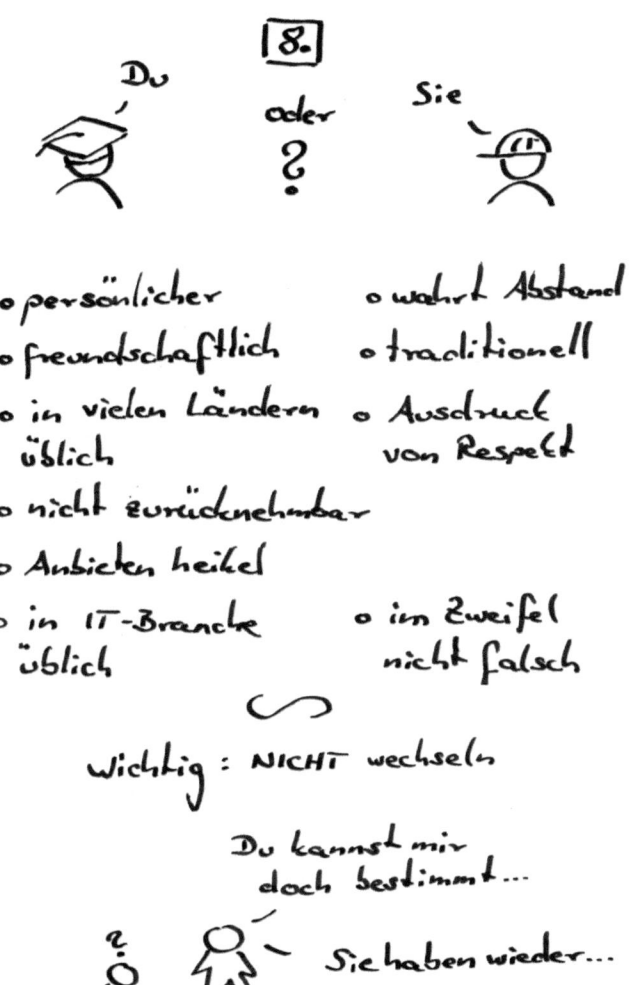

8.

Du   oder   Sie
         ?

- o persönlicher
- o freundschaftlich
- o in vielen Ländern üblich
- o nicht zurücknehmbar
- o Anbieten heikel
- o in IT-Branche üblich

- o wahrt Abstand
- o traditionell
- o Ausdruck von Respekt

- o im Zweifel nicht falsch

Wichtig : NICHT wechseln

Du kannst mir doch bestimmt...

Sie haben wieder...

8. Besuch im Krankenhaus

Formale Autorität

Sie standen an der Kasse Schlange, eine Packung hochwertiger Schokolade in der Hand. Die Idee war ihnen im letzten Moment gekommen, als sie auf dem Weg vom Parkhaus zum Krankenhaus am Supermarkt vorbeigekommen waren. Wie immer schneller als er, zückte Lenya das Portemonnaie und zahlte. Sie wünschten dem Kassierer einen schönen Tag und machten sich auf den Weg zum versprochenen Krankenbesuch.

Trotz privater Krankenversicherung lag Alex in einem Doppelzimmer. Es waren einfach zu viele Betten belegt. „Gut schaust du aus", meinte Jorge, wusste aber, dass es ihm niemand glauben würde. Dementsprechend kam nur ein „Lieb von dir" zurück. „Wissen sie denn wenigsten inzwischen, was dir fehlt?", fragte Lenya. So richtig schlau wurden sie aus der Antwort nicht. Offenbar hatte sich Alex einen Antibiotika-resistenten Keim namens Aci-irgendwas-bacter eingefangen. Jorge sagte der Name nichts, weshalb er ihn sich nicht merken konnte. Es war eigentlich ein typischer Kranken-hauskeim, also einer, den man erst im Krankenhaus bekommt und nicht von außen einschleppt. Deswegen war es auch so merkwürdig, dass Alex sich damit infiziert haben sollte. Immerhin schienen die Ärzte davon auszugehen, dass Alex nicht mehr ansteckend war. Sie hatten die zwischenzeitlich verhängte Quarantäne aufgehoben und den beiden nur geraten, auf Abstand zu bleiben. Alex hatte dazu eine ganz sarkastische Meinung: Ohne die Hilfe der Angehörigen wäre das Krankenhaus gar nicht in der Lage, sich um alle

Patienten zu kümmern. Das sei der wesentliche Grund für die Aufhebung der Quarantäne gewesen.

Offenbar war es bei Alex doch etwas anders als bei Amir verlaufen. Alex habe zwar auch Bewusstseinsstörungen gehabt, vor allem aber Kopfweh und Übelkeit. Die Sache mit der Epidemie sei überhaupt Unsinn. Es seien zwar unheimlich viele Fälle mit schweren Erkrankungen eingeliefert worden, doch für die Ärzte ergebe sich bislang kein einheitliches Bild. Der Herr neben ihm zeige ähnliche Symptome, habe aber wohl eine klassische, durch Meningokokken verursachte Meningitis. Wahrscheinlich ein Zeckenbiss. „Übrigens ein Kollege von uns, allerdings aus einem anderen Geschäftsbereich."

Eine Krankenschwester kam herein und kündigte die ärztliche Visite an. Alle Besucher mussten für eine Weile den Raum verlassen. Tatsächlich rauschte wenig später ein Trupp weiß gekleideter Herren durch den Flur. Erst auf den zweiten Blick erkannte Jorge, dass auch eine Ärztin dabei war. Die jungen Mediziner unterhielten sich laut und ungezwungen. Alle schienen per Du zu sein. Es war wie im Fernsehen. „Na, wie geht es uns heute?". Jorge fragte sich, warum sie überhaupt auf den Flur geschickt worden waren. Er konnte problemlos alles hören, was in den Krankenzimmern gesprochen wurde. Der Chefarzt schien seinen Assistenten etwas zu erklären. Allerdings verwendete der Mediziner so viele Fachbegriffe, dass Jorge es aufgab zuzuhören.

Ihm fiel auf, dass die Stationsschwester offenbar nur mit den Jungärzten per Du war, während sie den Chefarzt siezte. Dieser wiederum sprach sie mit dem Vornamen an. Ob per Du oder per Sie konnte Jorge nicht so schnell herausfinden. Er dachte an seine Kollegen. Als Mitarbeiter einer IT-Firma waren sie praktisch alle per

Du. Nur ein paar seiner Kollegen bestanden auf dem Sie. Bei den älteren Herrschaften konnte er das ja verstehen, aber es waren auch ein paar Jüngere darunter. Diese schienen zu meinen, dass ihre Autorität am Sie hängen würde.

Jorge hielt das für Unsinn. Er duzte ja sogar die Dienstleister, mit denen er zusammenarbeitete. Für ihn war Autorität etwas, was man nicht durch Konventionen, sondern durch Verhalten und Kenntnisse erwarb. Wahrscheinlich war er durch seine Auslandsaufenthalte geprägt. Weder in den skandinavischen Staaten noch im angelsächsischen Raum hatte sich die Frage nach dem „Du" je gestellt. Die amerikanischen Manager in der Firma, die gelegentlich durch Europa tourten, ließen sich ebenfalls alle mit Vornamen ansprechen. Von denen kam keiner auf den Gedanken, ihre europäischen Kollegen mit „Herr Doktor Sowieso" anzusprechen.

Lenya, der er seine Gedanken mitteilte, bestätigte ihn in seiner Ansicht. In ihren Schulungen fragte sie am Anfang immer, ob es ok sei, wenn sich alle duzten. Sie hatte allerdings festgestellt, dass manche Schulungs-teilnehmer am zweiten Tag wieder ins Sie zurückfielen, obwohl es am ersten Tag gut mit dem Du geklappt hatte. Für Lenya war das ein Zeichen, dass ihre Kompetenz sie zur Respektsperson machte.

Jorge fand das widersprüchlich. Einerseits verdient man sich Autorität durch Kompetenz, andererseits wird sie instinktiv durch das „Sie" anerkannt. Einer der Bereichsleiter bei ihnen hatte sogar eine Weile bewusst damit gespielt: An der Kaffeemaschine und wenn er etwas von einem haben wollte per Du, bei schwierigen Diskussionen plötzlich wieder per Sie. Dann waren sie allerdings alle gemeinsam auf einer Team-bildenden

Veranstaltung gewesen, bei der das gegenseitige Du offiziell verordnet worden war. Zugegebenermaßen war das Duzen der Dienstleister auch nicht unproblematisch. Erst „verbrüdert" man sich und dann muss man die Bedingungen für den Folgevertrag hart verhandeln. Jorge sagt sich allerdings, dass die Verhandlung nicht wegen des Du schwierig war, sondern wegen der unterschiedlichen Zielsetzung. Ob man sich wirklich leichter beschimpfte, wenn man per Du war? Jorge bezweifelte es. Und selbst wenn. Es war sinnvoller, Konflikte zu erkennen als sie zu vertuschen.

Sie durften wieder zu Alex. Einige Zeit später stieß Christine hinzu. Sie unterhielten sich lange über Julia und Christoph. Christine und Alex hatten selbst keine Kinder, was sie durchaus bedauerten. Daher nahmen sie regen Anteil am Geschehen in anderen Familien. Christine hatte einige Nichten und Neffen, von denen manche schon erwachsen waren. Was sie erzählte, klang keinesfalls beruhigend. Die Pubertät würde noch viel schlimmer werden. Dann könne man froh sein, wenn die Kinder überhaupt nach Hause kämen. Einer ihrer Neffen war nach einer Feier wegen Alkoholvergiftung im Krankenhaus gelandet. Das sei wirklich kein Spaß. Damals hätte sich sogar das Jugendamt eingeschaltet.

Jorge war sich nicht sicher, ob er all das überhaupt hören wollte. Seine Julia würde so etwas nicht machen. Heimlich nachts aus dem Fenster klettern oder fremde Jungs zur Haustür reinlassen. Sie seien ja nur ihm fremd, meinte Christine. Er müsse sich das pubertierende Gehirn wie eine riesige Baustelle vorstellen. Während der Umstrukturierung seien halt manche Funktionen wie die Vernunft nur eingeschränkt verfügbar. Lenya, die seine Bemühungen um einen Themenwechsel wohl bemerkt hatte, setze noch einen oben drauf. Das sei vergleichbar zu der Situation, wenn er sein Büro aufräume. Dann herrsche absolutes Chaos, aber Gott sei Dank käme es ja auch nur einmal im Leben vor. Jorge fand den Scherz auf seine Kosten nur mäßig komisch. Trotzdem tat es gut, Alex mal wieder herzhaft lachen zu hören.

Auf dem Heimweg wurde er noch einmal mit der Frage nach „Du oder Sie" konfrontiert. Sie hatten noch beim Bäcker gehalten, um wenigstens heute mal ein Nussbrot zu kaufen. Der Kunde vor ihm an der Theke sagte gerade „Ich bekomme…". Jorge schüttelte innerlich den Kopf. Seinen Kindern hatte er beigebracht, „Ich hätte gerne…" zu sagen. Schließlich war es die Person hinter dem Tresen, die entschied, ob sie wirklich bekamen, was sie wollten. Dann war er an der Reihe und die Bäckerin fragte ihn unvermittelt: „Was bekommst du?". Jorge schluckte. Eben hatte er noch die These vertreten, alle zu duzen sei der richtige Weg, aber das hier ging ihm dann doch zu weit.

Brainstorming

9.

Jeder sagt ungefiltert, was ihm/ihr durch den Kopf schießt.

"Nein"-Sagen ist verboten.

"Spinnen" ist erlaubt/erwünscht.

Ziel: Assoziationen bilden

Wie stellen wir sicher, dass wir Erfolg haben?

(Kritik)

Kann die besten
Ideen auch
ersticken.

Uni

Lass die nur
machen

Das kann
ich nicht
laut sagen

Hatten wir schon...
Funktioniert nicht

"paradoxe"
Variante

"Kopfstandmethode"

⇒

Wie scheitern
wir am schnellsten/
"übelsten"?

63

9. Was schenken wir?

Brainstorming mit Kopfstand

Seit dem Besuch im Krankenhaus war ein weiterer Tag vergangen, auf den Jorge gut hätte verzichten können. Viele seiner Kollegen waren krankgeschrieben. Zwei hatten sich in den Urlaub verabschiedet. Jorge war nun fast völlig auf sich allein gestellt.

Zum Glück war nun Wochenende. Sie hatten alle gemeinsam gefrühstückt. Jetzt suchten sie verzweifelt nach einer kreativen Geschenkidee für Jorges Cousine, die demnächst ihren 50. Geburtstag feiern würde. Das Problem war, dass seine Cousine eigentlich schon alles besaß und sie nicht so recht Lust hatten, irgendeinen dekorativen Staubfänger zu verschenken. Lenya schlug vor, ein Brainstorming durchzuführen und begann sofort, den Kindern die Regeln des Brainstormings zu erklären. Im Tiefsten ihres Herzens war sie eben doch Lehrerin.

- Wir diskutieren frei über ein vorab festgelegtes Thema.
- Jeder sagt ungefiltert, was ihr oder ihm durch den Kopf schießt.
- Verrückte Redebeiträge sind erlaubt, ja sogar erwünscht.
- Einwände wie „Nein", „Aber" oder „Das geht nicht" sind hingegen streng verboten.
- Alles wird kommentarlos notiert, um später die Spreu vom Weizen zu trennen.

„Also los!" Lenya war Feuer und Flamme. „Was schenken wir deiner Cousine zum Geburtstag?"

Jorge: „*Blumen*"

Lenya: „*Garten-Deko*"

Lenya: „*ein Fotoalbum mit alten Kinderfotos*"

Jorge: „*Das geht nicht. Die einzigen Fotos, die ich besitze, habe ich von ihr.*"

Lenya: „*KEIN ‚aber'!!!*"

Christoph: „*ein Fresspaket*"

Julia: „*ein Kochbuch*"

Christoph: „*irgendein anderes Buch*"

Julia: „*ein Gedicht*"

Christoph: schnaubt, fängt jedoch Lenyas Blick auf und sagt nichts

Christoph: „*gar nichts*"

Jorge: „*Ich fand das Fresspaket gar nicht so dumm. Vielleicht mit lokalen Spezialitäten?*"

Christoph: „*ein Fass Bier*" (grinst)

Julia: „*ja, von der lokalen Brauerei, die ihr so mögt*"

Christoph (dem die Sache offensichtlich beginnt, Spaß zu machen): „*Bierdeckel*"

Lenya: „*personalisierte Bierdeckel mit Foto*"

Jorge: „*Ja! Das ist es! Das machen wir!*"

Zufrieden stand Lenya auf und begann, die Spülmaschine einzuräumen. Für sie war die Sache abgehakt. Um das Foto und die Bestellung könne er sich selbst kümmern. Jorge musste zugeben, dass die Ideenfindung diesmal wirklich ganz gut funktioniert hatte. Er hatte da auch schon ganz andere Erfahrungen mit Brainstorming gemacht. Viele seiner Kollegen hatten Schwierigkeiten, sich auf das Spiel einzulassen. Wahrscheinlich lag es an der naturwissenschaftlichen Ausbildung. Viele waren Informatiker oder Physiker und vermutlich eher gewohnt, sich zurückzuhalten. Dann verlief das Brainstorming in der Regel sehr zäh.

Ihr Familien-Brainstorming hatte geklappt, weil Christoph sich einen Spaß daraus gemacht hatte, möglichst unsinnige Vorschläge zu machen. Er hatte wirklich ungefiltert herausgehauen, was ihm durch den Kopf geschossen war. Damit taten sich Jorges Kollegen furchtbar schwer. Nur war das genau der Knackpunkt. Das hatte Lenya ihm mal erklärt. Kreativität hat etwas mit Assoziationen zu tun. Jedes Mal, wenn wir etwas hören, haben wir dazu einen ersten Gedanken, der jedoch nicht zwangsläufig direkt mit dem Thema zu tun hat. Ziel des Brainstormings ist, möglichst viele dieser themenfremden Assoziationen zu provozieren, um den Horizont der Betrachtung zu erweitern.

Je mehr Assoziationen aktiviert werden, umso kreativer wird die Lösung am Ende sein. Die guten Ideen liegen nämlich in Gehirnrealen, die nicht direkt mit dem Problem verknüpft sind. Ansonsten wären wir ja auch durch einfaches Nachdenken auf die Lösung gekommen. Wobei Psychologen das Brainstorming kritischer sehen. Auf Grund der vielen Unterbrechungen fällt es dem Einzelnen schwer, seine guten Gedanken zu Ende zu denken.

Jorge rekapitulierte den nicht-linearen Verlauf der Verknüpfungen, der vom Fotoalbum über das Fresspaket mit den lokalen Spezialitäten zum Bierdeckel mit Foto und damit zur zündenden Idee geführt hatte. Allerdings war ihm unklar, wo er ein passendes Foto finden sollte.

Er fragte Christoph, wie dieser eigentlich auf „gar nichts" gekommen sei. Christophs erster Gedanke bei „Gedicht" war gewesen: „Hoffentlich muss ich das nicht schreiben." Da er das aber nicht sagen durfte, hatte er stattdessen eben „gar nichts" vorgeschlagen. Typisch Christoph. Jorge merkte, dass er auch nicht besser war als seine Kollegen. Es fiel ihm ebenfalls schwer, die innere Zensur im Kopf abzuschalten. Er fragte Lenya, wie sie die Teilnehmer dazu bringe mitzumachen. Ja, das sei ein weiteres, bekanntes Problem. Die Teilnehmer hielten sich zurück, weil sie ihre eigenen Beiträge für weniger wertvoll hielten. „Es muss Spaß machen. Spinnt rum. Je mehr gelacht wird, desto besser." Die entspannte Atmosphäre sei wichtig für die Kreativität.

Allerdings musste Lenya zugeben, dass sie auch manchmal Gruppen hatte, die mit dem Brainstorming nicht warm wurden. Dann setze sie die sogenannte „Kopfstandmethode" ein. Das sei ein „Brainstorming paradox" und helfe dabei, die Ernsthaftigkeit aus der Diskussion zu nehmen. Die Frage lautet dann nicht mehr: „Was schenken wir?", sondern „Was möchte deine Cousine auf gar keinen Fall geschenkt bekommen?" Jorge musste grinsen. Dazu wäre Christoph bestimmt eine Menge eingefallen. Er nahm sich vor, nächste Woche mit seinen Kollegen ein Brainstorming paradox zum Thema „Wie stellen wir sicher, dass ältere Menschen unser Produkt verabscheuen?" durchzuführen. Falls er noch Kollegen hatte. Der Krankenstand war wirklich beängstigend.

Jorge wandte sich der Zeitung zu. Die Wochenendausgabe bekamen sie noch geliefert. Auf der ersten Seite ging es um Bundespolitik. Er blätterte zum Lokalteil weiter. „Epidemie fordert erstes Opfer – Todesfall gibt Ärzten Rätsel auf". Bei dem Opfer handelte es sich um einen 45-jährigen Ingenieur, der auf dem Weg zur Arbeit einen Kreislaufkollaps erlitten hatte und kurz darauf im Krankenhaus gestorben war. Anscheinend hatte auch er sich einen resistenten Krankenhauskeim eingefangen.

Es folgten Ausführungen über die Verwendung von Antibiotika in der Fleischproduktion und die daraus resultierende Zunahme der Resistenzen. Allerdings, so ein Arzt der Universitätsklinik, erkläre dies zwar den Todesfall, nicht aber, wie das Opfer sich hatte anstecken können. Hier standen die Mediziner noch immer vor einem Rätsel. Immerhin war es ihnen inzwischen gelungen, die Erreger zu identifizieren. Offenbar gab es drei unterschiedliche Krankheitsbilder. Genau genommen handelt es sich also nicht um eine, sondern um drei Epidemien. Wobei der Begriff „Epidemie" nicht angebracht sei, so der interviewte Arzt.

Nachdenklich fuhr Jorge seinen Computer hoch. Schon komisch. Das Opfer hatte für die gleiche Firma gearbeitet wie er. Irgendwie hatte er den Eindruck, sie seien besonders hart betroffen. Andererseits war die Firma der größte Arbeitgeber in der Region. In jeder Straße wohnten Menschen, die direkt oder indirekt dort angestellt waren. Rein statistisch war es also völlig logisch, dass es dort jede Menge Ausfälle gab. Dann begab er sich auf die Suche nach einem geeigneten Foto seiner Cousine. Allerdings hatte er Zweifel, ob er eines finden würde.

{ Aufwands-
  abschätzung } | 10. |

{ 3-Punkt-Schätzung =

$$\frac{1 \cdot 😞 + 4 \cdot 😐 + 1 \cdot 😊}{6}$$

Prozentsatz-
methode

Dokumentation

Implemen-
tierung

1/3   1/3
   1/3

— Test

{ Multiplikator-
  methode }   🧍 150 An-
                   forderungen

à 4 Stunden = 600 h

T-Shirt-Sizes : XS, S, M, L, XL

Delphi - Methode

1. Erläuterung

2. Experten-Schätzung

3. wenig, weil... Viel, weil... Diskussion

4. erneute Schätzung

5. Mittelung (Median)

Planning Poker:
0, 1, 2, 3, 5, 8, 13, 21, 40...
Story Points !

10. Blick in die Glaskugel

Wie plant man das Unbekannte?

Leise summend wusch sich Jorge die Hände. Er war gut gelaunt, obwohl es eigentlich nicht viel zu lachen gab. Die Firma war praktisch zum Stillstand gekommen. Wer nicht krank war, versuchte Urlaub zu bekommen. Nur das mittlere Management, die Projektmanager und einige langgediente Mitarbeiter waren noch im Haus. Unter den Standhaften herrschte eine merkwürdige Stimmung, die sich vielleicht am besten mit „Galgen-humor" umschreiben ließ. Überall hingen Aushänge, auf denen die Mitarbeiter aufgefordert wurden, auf keinen Fall Hände zu schütteln und sich dieselben regelmäßig zu waschen bzw. zu desinfizieren. Jemand hatte im ganzen Gebäude Flaschen mit Desinfektionsmittel verteilt: in den Toiletten, auf dem Empfangstresen, in den Besprechungszimmern und sogar im Großraum-büro auf der Fensterbank.

Er hatte die Tatsache genutzt, dass ohnehin niemand mehr so recht bei der Sache war, und tatsächlich ein Brainstorming paradox zum Thema „Wie stellen wir sicher, dass ältere Menschen unser Produkt verabscheuen?" durchgeführt. Dazu hatte er mit fünf Kollegen das schöne, große Besprechungszimmer im dritten Stock gekapert. Das war sonst immer über Monate hinaus ausgebucht. Jetzt natürlich auch, nur war niemand da gewesen, der tatsächlich Anspruch darauf erhoben hatte. Sie hatten bei ihrem Brainstorming wirklich viel Spaß gehabt, ganz wie Lenya es prophezeit hatte. Es waren erstaunlich viele sinnvolle Vorschläge zusammengekommen:

auch mit Brille nicht lesbare Schriftgröße; schön kleine Tasten; lauter Hinweise im Fachjargon; überhaupt keine Hilfestellung; Aktivierung nur nach aufwändiger Registrierung im Internet; Timeout nach wenigen Millisekunden; lauter bedrohliche Warnhinweise; Interferenz mit dem Herzschrittmacher; (eine Reihe von Vorschlägen, wie das Produkt den Kunden schneller ins Jenseits befördern könnte); ... (plötzliche Stille); automatische Deaktivierung, falls Kunde älter als 65; Verkauf nur über eBay; negative Produktrezension in der Apothekenrundschau usw. usf...

Man musste nur alles am Ende wieder ins Gegenteil umkehren. Lenya hatte ihm noch einen Tipp mitgegeben. Es sei normal, dass die Ideen nach einer Weile nicht mehr so fließen wie zu Beginn der Sitzung. Diese Flaute solle man als Moderator durchstehen. Tatsächlich „flamme" die Beteiligung nach einer Weile wieder auf und es kämen noch neue, unerwartete Impulse. Die zweite Flaute sei dann ein passender Moment, das Brainstorming zu beenden. Genauso hatten sie es gemacht. Er würde die Ergebnisse später in einer Mindmap sortieren.

Als Jorge die Papierhandtücher in den Korb warf, fiel sein Blick durch das Fenster auf den Parkplatz. Auch das war ungewöhnlich. Um zehn Uhr morgens gab es noch jede Menge freie Plätze. Ganz vorne quer vor dem Besucherparkplatz standen zwei Streifenwagen der Polizei. Was die wohl hier wollten? Jorge schüttelte den Kopf und ging in sein Büro.

Als er mittags kurz das Gelände verließ, um sich beim Bäcker ein belegtes Fladenbrot zu holen, waren die

Polizeiautos verschwunden. Es regnete ein wenig und er ärgerte sich über den Kantinenpächter. Dieser hatte die Kantine kurzerhand bis auf weiteres geschlossen. Offenbar verkaufte er zurzeit nicht mehr genug Portionen, um rentabel zu sein. Vielleicht waren ihm aber auch nur die gesunden Mitarbeiter ausgegangen.

Für den Nachmittag hatte sich Jorge eine weniger erfreuliche Aufgabe vorgenommen. Er musste eine Schätzung für den Aufwand abgeben, den die Entwicklung seiner benutzerfreundlichen App vermutlich erfordern würde. Die Aufwandsabschätzung war Dreh- und Angelpunkt der gesamten Projektplanung. Die bildete die Basis für die Zeitplanung und war direkt proportional zur Kostenschätzung. Für viele war die Aufwandsabschätzung eine ausgesprochen unbeliebte Aufgabe. Man musste sich ja festlegen, obwohl man in der Regel nur sehr unzureichende Informationen über die zu schätzende Aufgabe besitzt. Außerdem ist die Zahl, die am Ende herauskommt, suspekt. Sie kommt einem reichlich hoch vor, aber wenn man sich die einzelnen Punkte anschaut, sind sie alle ziemlich knapp geschätzt. Auch Jorge konnte sich schönere Aufgaben vorstellen. Nur half es ja nichts. Irgendeiner musste ja mal einen Blick in die Glaskugel werfen und Zahlen nennen, sonst konnte man nicht planen. Außerdem hatte er sich Methoden angeeignet, die ihm halfen, das Problem in den Griff zu bekommen.

Sein ursprünglicher Plan war gewesen, sich eine Reihe von erfahrenen SW-Entwicklern zu suchen und diese nach der Delphi-Methode schätzen zu lassen. Dabei handelte es sich um eine formalisierte Experten-schätzung. Alle Experten setzen sich zusammen. Ein Moderator präsentiert die zu schätzende Aufgabe und beantwortet Fragen. Dann geben alle Experten eine anonyme Schätzung ab. Diese wird vom Moderator ausgewertet. Falls es große Abweichungen geben sollte, werden diese diskutiert und eine Einigung angestrebt.

Die Delphi-Methode war relativ aufwändig, aber Jorge hatte damit gute Erfahrungen gemacht. Verbreiteter war natürlich die informelle Expertenschätzung. Auch hier sucht sich der Projektmanager Personen, die sich auskennen und fragt nach dem geschätzten Aufwand. Dummerweise gibt es eine sehr beliebte, aber absolut nicht hilfreiche Antwort: „Kann ich dir nicht sagen. Dazu müsste ich mehr über die Aufgabe wissen." Manche Mitarbeiter sträubten sich selbst bei Aufgaben, die sie nun wirklich schon oft so oder so ähnlich durchgeführt hatten. Dabei ging es doch nur um eine Schätzung. „Traut euch", so Jorges Motto. Doch anscheinend mochten sie ihr Bauchgefühl dennoch nicht preisgeben. Die Delphi-Methode hatte den Vorteil, den einzelnen Teilnehmer etwas mehr Halt zu geben, als dies bei der informellen Variante der Fall war. Da gemeinsam geschätzt wurde, hatten sie vermutlich weniger das Gefühl, den Karren allein an die Wand zu fahren.

Obwohl dieses Projekt keinem agilen Vorgehensmodell folgen sollte, hatte sich Jorge vorgenommen, eine agile Praktik zu übernehmen: „Planning Poker", eine spielerische Variante der Delphi-Methode. Gespielt wird mit Karten, die jeweils einem Schätzwert entsprechen. Jeder Spieler legt verdeckt eine Karte auf den Tisch. Sobald alle gespielt haben, wird umgedreht. Weichen die Schätzungen stark voneinander ab, müssen die Spiele mit dem höchsten und dem niedrigsten Wert ihre Überlegungen erläutern. Meist wirft die anschließende Diskussion noch Fragen auf, bzw. klärt diese. Schließlich wird eine zweite Schätzrunde gespielt und im

Anschluss eine Mittelung durchgeführt. Üblicherweise nimmt man den Median, also die Karte, bei dem es gleich viele Karten mit höherem und niedrigerem Wert gibt.

Damit sich die Experten nicht in Detaildiskussionen verlieren, sind die verfügbaren Werte nicht gleich verteilt, sondern steigen mit zunehmender Unsicherheit an. In dem Kartensatz, den Jorge verwendete, waren folgende Werte vertreten: 0, ½, 1, 3, 5, 8, 13, 40, 100. Bei großen Paketen muss man sich also zwischen „eher 40" und „eher 100" entscheiden. Wenn 100 auch nicht mehr ausreicht, muss die zu schätzende Aufgabe in kleinere Pakete zerlegt werden.[3]

Soweit zur Theorie. Dummerweise hatte Jorge exakt einen Experten zur Verfügung: sich selbst. Alle anderen waren ja ausgefallen. Er brauchte die geschätzten Aufwände aber jetzt, um sich das Budget zu sichern. Später würde er sich mit einer erneuten Schätzung absichern, aber vorerst war er auf sich allein gestellt. Nun kam Jorges zweites Motto zum Tragen: „Misstraut euch". Wenn ihm ein Software-Entwickler einen Schätzwert nannte, dann nahm er ihn systematisch mal zwei. Seiner Erfahrung nach dachten viele Entwickler nur bis zu dem Punkt, an dem die Software läuft.

---

[3] Ein wichtiger Punkt beim Planning Poker in agilen Projekten ist, dass nicht etwa Stunden, sondern sogenannte „Story Points" geschätzt werden. Es geht eher um die Komplexität eine Aufgabe und weniger darum, sich auf eine Zahl für den Aufwand festzulegen. Der Umrechnungsfaktor ergibt sich aus der sogenannten „Velocity", also die aus Erfahrung ermittelte mittlere Anzahl von Story Points, die das Team pro Iteration schafft.

Dokumentation und systematischer Test fehlten häufig in der Schätzung. Der Faktor zwei war sein persönlicher Erfahrungswert. Er hatte Kollegen, die dies für zu wenig hielten. Andere belächelten die Methode und hielten sie für wenig fundiert.

Merkwürdigerweise war Jorge zwar in der Lage, die Schätzungen der anderen zu verdoppeln, bei seinen eigenen Schätzungen konnte er das jedoch nicht. Ihm kam der Wert dann unglaublich hoch vor. Daher wandte er für seine eigenen Schätzungen die 3-Punkt-Schätzung an. Dabei schätzt man nicht nur einmal, sondern dreimal: optimistisch, realistisch und pessimistisch. Der Gesamtwert ergibt sich dann aus der Formel: *(optimistisch + 4*realistisch + pessimistisch) / 6.* Die drei Werte zwangen ihn, bewusster über mögliche Schwierigkeiten nachzudenken. Außerdem machte er immer einen Gegencheck, um sich abzusichern. Beispielsweise verglich er die Aufwände für Entwicklung, Dokumentation und Test miteinander. Auch hier nutze er einen persönlichen Erfahrungswert, wonach sich die drei Pakete in etwa die Waage hielten, also jeweils ein Drittel des Gesamtaufwands ausmachten.

Jorge verbrachte die nächsten Stunden damit, Zahlen hin und her zu schieben. Als der erste Entwurf fertig war, machte er eine kurze Pause und vertrat sich die Beine. In seinem Kopf arbeitete es jedoch weiter. Ihm war unwohl bei der Idee, das Ergebnis weiterzureichen. Er hatte keinerlei Vorstellung davon, ob er zu viel oder zu wenig veranschlagt hatte. Sein Bauchgefühl ließ ihn diesmal völlig im Stich. Es half nichts. Er musste es noch einmal anders versuchen.

Diesmal holte er sich das Benutzerhandbuch des bestehenden Produktes und begann, für jedes Kapitel die Anzahl der zu implementierenden Funktionen zu zählen. Schließlich sollte zwar die Benutzeroberfläche modernisiert werden, die grundlegende Funktionalität jedoch die Gleiche bleiben. Dann suchte er auf seinem Rechner Informationen aus vergangenen, vergleichbaren Projekten zusammen. Hier wusste er, wie viele Anforderungen implementiert worden waren und wie viel Aufwand dies gewesen war. Zum Glück löschte er nie etwas. Wenn die Festplatte voll war, bekam er in der Regel einen leistungsstärkeren Computer.

Anders als sonst störte ihn diesmal niemand in seiner Arbeit. Er speicherte die Tabelle mit den Erfahrungs- und den daraus berechneten Mittelwerten sorgfältig ab und wandte sich wieder seiner Aufwandsabschätzung zu. Ein erleichterter Seufzer entfuhr ihm, als er die Anzahl der Anforderungen mit dem mittleren Aufwand pro Anforderung multiplizierte. Der mittels Multiplikator-Methode berechnete Vergleichswert lag gar nicht so weit entfernt von seiner 3-Punkt-Schätzung. Das flaue Gefühl im Bauch ebbte ab.[4] Er beschloss, es für heute gut sein zu lassen. Vielleicht fand er morgen noch einen Kollegen für eine T-Shirt Size-Schätzung. Die war Jorges letzter Notanker, wenn er wirklich wenig detaillierte Informationen über die zu schätzenden Arbeitspakete anzubieten hatte. T-Shirts gibt es in verschiedenen Größen: XS, S, M, L und XL. Arbeitspakete lassen sich ebenfalls in solche Größen einteilen. Jetzt muss sich nur

---

[4] Neben Anforderungen eignen sich Anwendungsfälle, Eingabemasken oder Seitenanzahl einer Spezifikation als Schätzgröße, vorausgesetzt man besitzt die entsprechenden Erfahrungswerte für den Aufwand.

noch jemand trauen zu sagen, dass XS im Mittel einem halben Tag und XL eher 3 Monaten entspricht. Der Rest lässt sich extrapolieren, wobei man ähnlich wie bei den Planning Poker-Karten die Abstände nach oben größer werden lassen sollte (also S = 1 Tag, M = 1 Woche und L = 1 Monat).

An der Pforte saß der ältere Herr vom Werkschutz, der ihn seit der Geschichte mit Amir immer freundlich grüßte. Den anderen Werkschutz-Mitarbeiter kannte Jorge nicht. Offenbar ein neues Gesicht. Er wechselte ein paar nichtssagende Worte und verließ das Gebäude. Auf dem Weg zum Auto fiel ihm auf, dass auf dem überdachten Fahrradparkplatz einige Räder keinen Lenker und keinen Sattel mehr hatten. Vielleicht war dies der Grund für den Besuch der Polizei gewesen.

11. { Fortschritts-
überwachung }

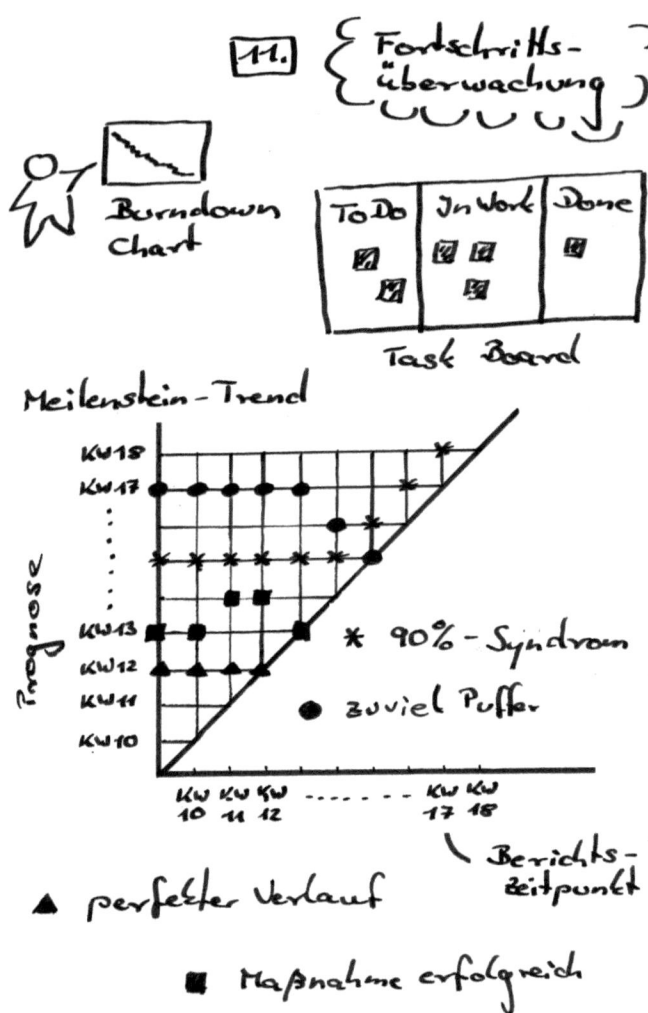

Burndown
Chart

ToDo	In Work	Done

Task Board

Meilenstein-Trend

* 90% - Syndrom

● zuviel Puffer

Prognose

KW18
KW17
KW13
KW12
KW11
KW10

KW KW KW ...... KW KW
10 11 12   17 18

Berichts-
zeitpunkt

▲ perfekter Verlauf

■ Maßnahme erfolgreich

80

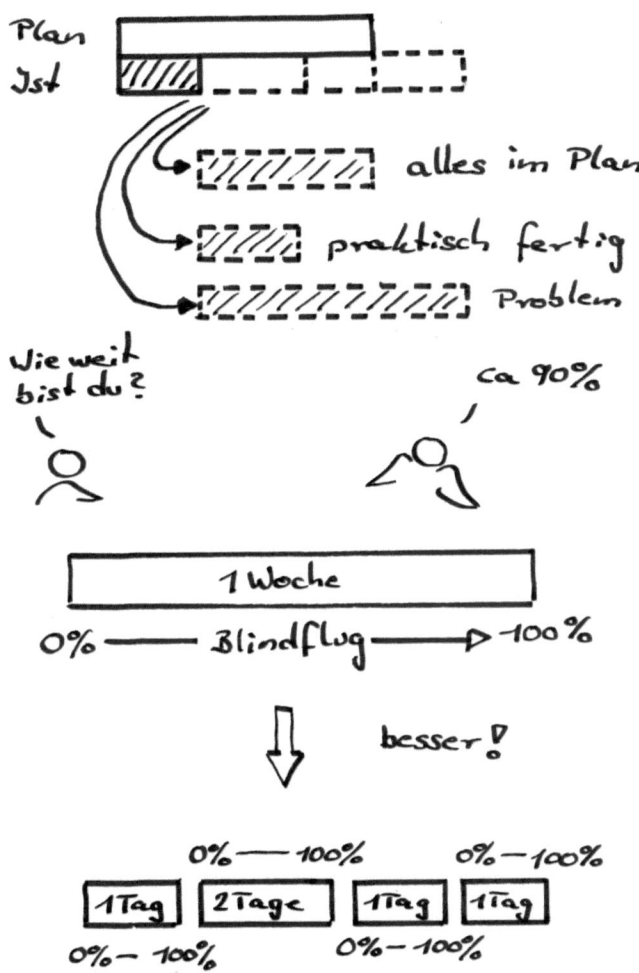

Plan
Ist

alles im Plan

praktisch fertig

Problem

Wie weit
bist du?

ca 90%

1 Woche

0% —— Blindflug ——> 100%

besser !

0% —— 100%   0% — 100%

| 1 Tag | 2 Tage | 1 Tag | 1 Tag |

0% – 100%   0% – 100%

11.   Glaskugel 2.0

Wann sind wir fertig?

„Julia!" In Lenyas Ausruf mischten sich Verzweiflung und Verärgerung. Sie hatten soeben herausgefunden, dass die Abgabefrist für Julias Seminararbeit bereits diese Wochen endete. Soweit sie es überblicken konnten, ließen sich die bislang von Julia investierten Stunden an einer Hand abzählen. „Was denn? Das Konzept steht." Julia konnte ganz offensichtlich kein Problem erkennen. Jorge hielt sich vorsichtig zurück. Zwar teilte er Lenyas Befürchtung, dass Julia die Arbeit erst am Wochenende schreiben würde und selbstverständlich davon ausging, dass ihre Eltern im passenden Moment für das Lektorat parat stehen würden. Die Erfahrung hatte ihn jedoch zwei Sachen gelehrt:

1.   Manche Fehler muss man selbst machen.
2.   Allein aus den geplanten und den geleisteten Stunden lässt sich noch keine Aussage treffen.

War Julia wirklich in Verzug? Was, wenn sie im Kopf schon alles fertig hatte und es wirklich nur noch zu Papier bringen musste? Christoph wäre ohnehin ganz anders an die Aufgabe herangegangen. Er hätte vermutlich einen Kumpel gefunden, der ihm zumindest einen Teil der Arbeit abgenommen hätte. Was die Schule anging, traute Jorge seinem Sohn alles zu. Auch wenn Lenya immer wieder beteuerte, dass er so schlimm nun auch wieder nicht sei.

Im Projekt stellte sich die Frage nach dem Fortschritt ständig. Wenn die Entwicklung einer Software-komponente zu Beginn mit 160 Personenstunden veranschlagt war und ein Mitarbeiter Vollzeit mit dieser Aufgabe betraut wurde, dann sollte die Komponente nach einem Monat fertig sein. Nach zwei Wochen waren jedoch verschiedene Szenarien denkbar.

1. *Szenario: Es sind bereits 120 Stunden für die Entwicklung „verbraten" worden. Eine Nachfrage ergibt, dass sich die Aufgabe als komplexer entpuppt hat als ursprünglich gedacht. Ein weiterer Experte musste hinzugezogen werden. Haben wir ein Problem?*

   a. *Teilweise – Nachdem das Problem durch den Experten gelöst wurde, läuft alles nach Plan. Die Komponente wird voraussichtlich termingerecht in zwei Wochen fertig sein. Es wird jedoch etwas teurer als gedacht.*

   b. *Ja – Das Problem ist noch immer nicht gelöst. Wir müssen davon ausgehen, dass weitere Mehrungen auflaufen werden. Die Lieferung in zwei Wochen ist fraglich.*

   c. *Nein – Der Experte konnte das Problem auf höchst elegante Weise lösen. Die Aufgabe ist längst abgeschlossen.*

2. *Szenario: Bislang wurden nur 40 Stunden geleistet. Haben wir ein Problem?*

   a. *Teilweise – Der Mitarbeiter war eine Woche krank. Seitdem geht die Arbeit jedoch wie geplant voran. Wir werden lediglich eine Woche später fertig werden.*

   b. *Ja – Der Mitarbeiter ist völlig überlastet und kommt nicht dazu, sich der Aufgabe wirklich zu widmen.*

   c. *Nein – Dank eines klärenden Gesprächs mit dem Kunden hat sich die Aufgabe vereinfacht und sollte nächste Woche abgeschlossen sein.*

Allein aus dem Ist-Aufwand konnte man keinerlei Aussage für die Zukunft treffen. Selbst wenn augenscheinlich alles wie am Schnürchen läuft, kann das Projekt bereits in Schieflage geraten sein. Als Projektmanager muss man den geschätzten Rest-Aufwand kennen. Prompt tat sich jedoch eine zweite Falle auf. Am Anfang scheint alles nach Plan zu laufen. Nach einer Weile ist die Aufgabe „fast fertig" – und in diesem Zustand verbleibt sie dann über Wochen. Dieser Effekt der asymptotischen Annäherung an die komplette Fertigstellung hat sogar einen Namen: das 90%-Syndrom.

Tatsächlich gibt es nur zwei verlässliche Messpunkte. Entweder wurde die Aufgabe noch nicht begonnen (0% fertig) oder sie ist abgeschlossen (100% fertig). Alles dazwischen ist Spekulation – sozusagen die Glaskugel 2.0. In seinen nicht-agilen Projekte zerlegte Jorge die Arbeit daher systematisch in sehr kleine Pakete von wenigen Tagen. Dadurch musste er nur einige Tage mit der Unsicherheit zwischen 0% und 100% leben und konnte darauf verzichten, zwischendrin den Fertigstellungsgrad zu ermitteln. In seinem agil abgewickelten Projekt sollte er das Problem eigentlich nicht haben, da Scrum diese Empfehlung direkt umsetzt. Angesichts der Tatsache, dass eine Iteration nur zwei Wochen dauern sollte, mussten die Aufgabenpakete zwangsläufig verhältnismäßig klein sein. Er würde schon darauf achten, dass das Team sich keine 1 ½ Wochen-Pakete vornahm. Wobei: Eigentlich war das ja gar nicht seine Aufgabe als Product Owner. Dafür waren der sogenannte Scrum-Master und das Team selbst verantwortlich.

Dumm nur, dass er im Augenblick gar kein Team hatte. Anfangs hatte er sich noch darüber gefreut, ungestört arbeiten zu können. Ihm war jedoch nicht wohl bei der Sache. Er hatte Amirs Zusammenbruch nicht vergessen. Lenya wusste noch immer nichts von dem Zwischenfall. Wie lange mochte die Inkubationszeit wohl sein?

Jorge hatte beschlossen, heute frei zu nehmen. Das Wetter war schön, in der Firma ging es ohnehin nicht voran und er hatte noch einiges vorzubereiten. Sie wollten am Wochenende gemeinsam im Garten ein kleines Grillfest veranstalten, um seinen Geburtstag zu feiern. Dazu musste er allerdings erst einmal den Grill wieder flott machen. Dieses Jahr waren sie nämlich noch nicht dazu gekommen, ihn zu nutzen. Außerdem wollten sie sicherheitshalber den Pavillon aufstellen, nur für den Fall, dass es doch regnen sollte. Der war irgendwo im Keller. Wo genau wusste Jorge nicht.

Er prüfte noch rasch seine E-Mails. Einige automatische Benachrichtigungen von Aufgaben, die überfällig waren. Jede Menge Newsletter und andere Werbung, meist für Webinare oder Konferenzen. Jorge blieb an einer Rund-Mail der Geschäftsleitung hängen. Darin wurden die Mitarbeiter aufgefordert, die ausgehängten Verhaltensregeln zu beachten. Also: keine Hände schütteln, dafür Hände regelmäßig waschen und desinfizieren. Am Ende stand ein Satz, der Jorge ernsthaft überraschte. Wem es möglich sei, im Home-Office zu arbeiten, der solle das bitte tun. Offenbar war die Lage wirklich ernst. Gestern Abend hatte es in den Acht-Uhr-Nachrichten einen längeren Bericht über die merkwürdige Grippe-Epidemie gegeben. Tatsächlich war es gar nicht die Grippe, sondern eine bakterielle Infektion mit unterschiedlichen Antibiotika-resistenten Keimen. Es war auch keine Epidemie im klassischen Sinne, da es bislang nur wenige Fälle außerhalb ihrer Stadt gegeben hatte. Offenbar stimmte sogar Jorges Eindruck, dass seine Firma überproportional stark betroffen war. Jedenfalls hatten sie in den Nachrichten etwas in der Art angedeutet.

Der Pavillon entpuppte sich als stockfleckig. Es war wohl sinnvoller, einen neuen zu kaufen. Auf dem Weg zum Auto stieß er mit dem Paketboten zusammen, der gerade von der anderen Haushälfte herüberkam. Jorge nahm das Paket entgegen und stellte es in den Hausflur. Merkwürdig, er hätte schwören können, der Nachbar sei da. Das Fahrrad stand jedenfalls im Unterstand. Sein Nachbar gab sich sehr umweltbewusst und besaß aus Prinzip kein Auto. Außerdem war Jorge sich nahezu sicher, vorhin Schritte im Treppenhaus gehört zu haben. Die beiden Haushälften waren nämlich nicht gut schallisoliert.

12. Führen mit Humor

Wortwahl prägt Klima

Umgangs-
formen sind wichtig

Junge
oder
Mädchen?

Richtig!   (für Informatiker)

# 12.	Die Einschläge kommen näher

Führen mit Humor

Eine Stunde später war Jorge mit dem neuen Pavillon wieder daheim. Er stand noch im Flur und starrte gerade fassungslos auf das Handy in seiner Hand. Sein Chef hatte soeben angerufen. Manni war tot. Manni (eigentlich Manfred) war ebenfalls Projektmanager und ein direkter Kollege von Jorge. Vor einigen Jahren hatte Jorge als Teilprojektleiter unter Manni gearbeitet. Damals war Jorge noch recht frisch dabei und Manni hatte ihn an die Hand genommen. Daher war Manni so etwas wie ein inoffizieller Mentor für Jorge gewesen.

Nun war Manni tot. Nicht nur das: Er war tatsächlich Opfer der mysteriösen „Grippewelle" geworden. Multiples Organversagen in Folge eines verschleppten Infekts. So ein lebenslustiger Mensch und nun einfach weg... Jorges Gehirn weigerte sich, die Nachricht zu akzeptieren.

Auch Amir lag inzwischen auf der Intensivstation. Insgesamt seien über 30 Kollegen in einem kritischen Zustand. Das hatte ihm der Chef gesagt. Jorge war nun doch richtig beunruhigt. Schließlich hatte er lange mit Amir in einem fensterlosen Besprechungszimmer gesessen. Laut Dr. Google betrug die Inkubationszeit drei bis zehn Tage. Bei drei Tagen war er bereits auf der sicheren Seite. Was aber, wenn es eher zehn waren?

„Bringst du das Paket heute bitte rüber?" Lenya drängte sich im Flur an ihm vorbei und riss ihn aus seinen Gedanken. Sie hatte heute einen Kundentermin und machte sich bereit, das Haus zu verlassen. Jorge zuckte zurück, als sie ihm einen Abschiedskuss geben wollte. Nicht auszudenken, wenn er sie anstecken würde!

Lenya war sichtlich irritiert und reagierte ungehalten. Spontan beschloss Jorge, ihr alles zu erzählen.

Eine Viertelstunde später verließ eine sehr nachdenkliche Lenya das Haus. Sie hatte ihn zum Abschied lange umarmt und auf die Stirn geküsst. Welch ein Glück er doch mit ihr hatte. Wieder dachte er an Manni und daran, wie dünn der Faden war, an dem dieses Glück hing. Einfach nicht mehr da...

Jorge hatte Manni immer um seine unerschütterlich gute Laune beneidet. Er erinnerte sich an seine erste Begegnung mit ihm. Damals hatte er am eigenen Leib erfahren, wie wichtig es war, dass der Projektmanager für fröhliche Stimmung im Projekt sorgt. Als Jorge zum Teilprojektleiter berufen wurde, hatte das ganze Projekt gewaltig Schieflage gehabt. Der Taskforce-Modus war ausgerufen worden. Es wurde mit schöner Regelmäßigkeit Wochenendarbeit angeordnet und eine Krisensitzung jagte die nächste. Fachlich gesehen gab es in diesem Projekt wahrhaftig nicht viel zu lachen. Entsprechend schlecht war auch die Stimmung. Jeder schimpfte auf alles und jeden. Die Kommentare wurden von Tag zu Tag zynischer und viele hatten die Nase gestrichen voll.

So auch der damalige Gesamt-Projektleiter, Mannis Vorgänger. Sein Abgang blieb Jorge unvergesslich in Erinnerung. Obwohl bereits klar war, dass er das Zepter übergeben würde, war er seit Tagen in miesester Laune. Und dann platzte ihm eines Tages die Hutschnur. Mitten in einer Besprechung mit dem Kunden, in der wieder einmal unerfüllbare Forderungen auf dem Tisch lagen, brüllte er plötzlich los, was für ein Affentheater das hier sei. Er habe jetzt endgültig die Schnauze voll. Danach folgte ein Abgang mit Effekt, sprich knallender Tür.

Wenige Tage darauf trat sein Manni den Dienst an. Mit ihm kam ein fröhlicher, unverbrauchter Mensch mit unerschütterlich guter Laune und immer offener Bürotür. Statt Sprüchen wie „Jetzt gibt's gleich wieder einen Einlauf" wurden plötzlich wieder harmlose Witze gemacht. Die Zahl der Fäkalwörter nahm deutlich ab. Die Stimmung verbesserte sich spürbar – und langsam, aber sicher auch die Projektlage. Seither wusste Jorge, dass es einen Projektmanagementstil gibt, den man nicht so häufig in Schulungen findet: Führen mit Humor.

Es war nicht so, dass Manni ständig einen Witz parat gehabt hatte. Er war nur generell immer fröhlich gewesen. Wobei es schon einen Witz gab, der Jorge in Erinnerung geblieben war. Eines Tages, kurz nach seiner Ernennung, war Manni in die morgendliche Krisenbesprechung gekommen und hatte den Tag mit einem wunderbaren Ausspruch eröffnet: *„Pessimist: Schlimmer als jetzt kann es nicht werden. Optimist: Doch, doch!"*. Daraus wurde das Motto des Tages. In der Folge fand sich immer mal wieder jemand, der einen aufmunternden Spruch in die Runde warf. Wie wichtig dies für die Arbeitsmoral war, wurde Jorge an dem Tag bewusst, als sich der Erste beklagte, er habe heute noch kein Motto des Tages erhalten.

Lachen ist gesund. Es bremst die Produktion von Stresshormonen wie Adrenalin und fördert stattdessen die Ausschüttung von Serotonin. Serotonin gilt als Glückshormon und fördert angeblich Gelassenheit, innere Ruhe und Zufriedenheit. Kein Wunder also, dass Lachen hilft, schwierige Projekte zu bewältigen. Anders ausgedrückt: Je weniger es zu lachen gibt, desto mehr sollte man es tun. Humor ist ja bekanntlich, wenn man trotzdem lacht.

Julia war in ihrem Zimmer und beschallte mit ihrer Musik das halbe Haus. Jorge hatte die schwache Hoffnung, dass sie vielleicht doch an ihrer Seminararbeit saß. Ihm war unklar, wie man bei einem derartigen Lärmpegel arbeiten konnte. Gleichzeitig kam ihm noch ein anderer Gedanke in den Sinn – nämlich, dass nicht nur Lachen, sondern auch Singen glücklich machen konnte. *„Wo man singt, da lass dich nieder."* Leider war es gesellschaftlich nicht so anerkannt, im Treppenhaus der Firma Lieder zu schmettern. Lachen war da diskreter…

Er beschloss, das Paket gleich jetzt zum Nachbarn zu bringen. Es musste jemand im Haus sein. Da war sich Jorge sicher, obwohl mehrere Zeitungen aus dem Briefkasten quollen. Tatsächlich machte ihm der Nachbar nach einigen Minuten beharrlichen Klingelns auf. Er sah nicht gut aus: bleich, mit Ringen unter den Augen. Die Frage nach seinem Befinden beantwortete er ausweichend. Er sei bis auf weiteres krankgeschrieben. Nein, kein Infekt. Eher Schlafstörungen. Jorge konnte seine Erleichterung nicht verbergen und sah sich daraufhin gezwungen, eine Erklärung abzuliefern. Er erzählte dem Nachbarn von Manni, was dieser jedoch nur teilnahmslos zur Kenntnis nahm. Achselzuckend trat Jorge den Rückzug an und wurde fast von Julia umgefahren, die halsbrecherisch mit dem Fahrrad aus der Einfahrt kam, in einer Hand das Handy, mit der anderen Hand winkend.

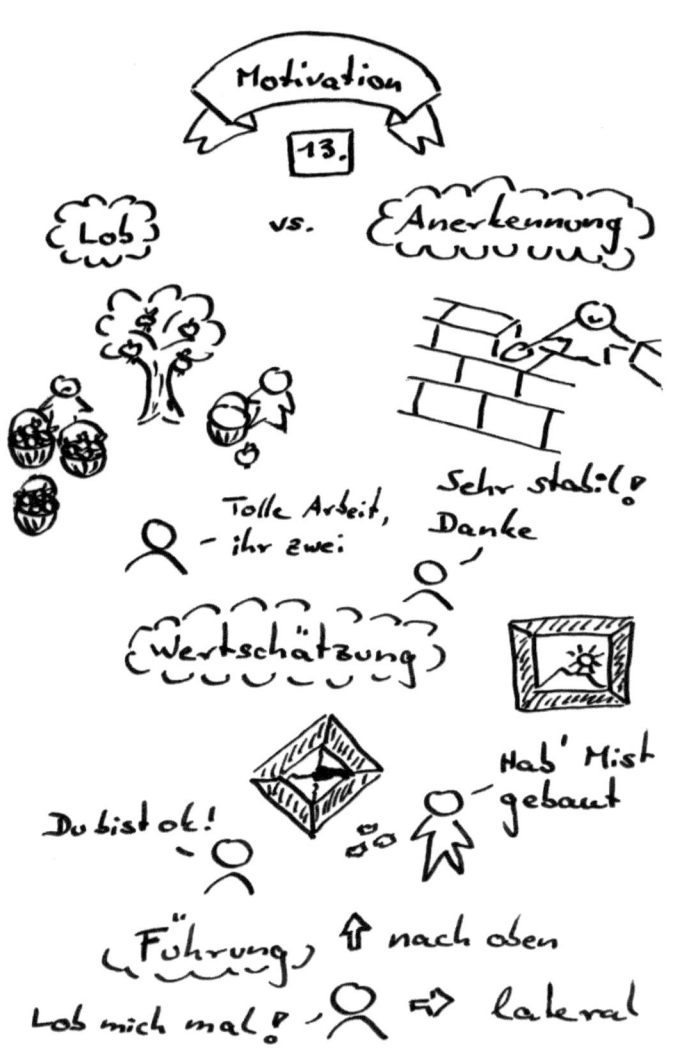

Motivation

13.

Lob   vs.   Anerkennung

Tolle Arbeit,
- ihr zwei

Sehr stabil!
Danke

Wertschätzung

Du bist ok!

Hab' Mist
gebaut

Führung   ⬆ nach oben

Lob mich mal!   ⇒ lateral

13. Das Grillfest

Lob mich mal!

Eigentlich hätte Jorge zufrieden sein müssen. Bislang war sein Geburtstag schön verlaufen. Die Kinder hatten ihn mit einem reichlich gedeckten Frühstückstisch überrascht. Normalerweise war es nämlich Jorge, der die Brötchen holte und den Tisch deckte. Julia und Christoph hatten sich richtig ins Zeug gelegt. Es gab sogar Frühstückseier für ihn. Danach hatten sie den neuen Pavillon aufgestellt und alles für die kleine Feier am Abend vorbereitet. Gegen 18 Uhr waren die ersten Freunde eingetroffen, sie hatten gegrillt und nun saßen sie gesättigt am Tisch. Lenya war in der Küche und legte letzte Hand an den Nachtisch. Er konnte hören, wie sie mit dem Rührbesen hantierte.

Dennoch war Jorge niedergeschlagen. Die Emotionen der letzten Tage waren ein wenig viel gewesen. Mannis Tod ging ihm immer noch sehr nach. Zudem verspürte er seit heute früh ein leichtes Kratzen im Hals. Wahrscheinlich war es Einbildung. Die Vernunft sagte ihm, dass er sich nicht bei Amir angesteckt haben konnte. Das war inzwischen wirklich zu lange her. Dennoch, die ganze Panikmache in den Medien trug nicht gerade zu seiner Beruhigung bei.

Er fragte sich, ob sein Leben so war, wie er es sich wünschte. Familie und Freunde, ja, da hatte er keine Zweifel. Aber die Arbeit? Gegen 15 Uhr hatte er mal in seine E-Mails geschaut. Er hatte jede Menge Glückwünsche zum Geburtstag bekommen. Christine hatte in Alex' Namen eine kurze WhatsApp geschrieben. Auch über die sozialen Netzwerke waren ein paar Nachrichten gekommen. Unter den Gratulanten war auch eine Kollegin, mit der er vor einiger Zeit einmal zusammengearbeitet hatte. Über diese Glückwünsche freute sich Jorge mit am meisten. Es tat gut, den Eindruck zu haben, dass die anderen ihn wahrnahmen.

Jorge wusste, dass er irgendwann am Montag einen nichtssagenden Standardbrief der Personalabteilung erhalten würde. Über diesen Brief würde er sich mehr ärgern als freuen. Streng genommen ärgerte er sich jetzt schon, allein bei dem Gedanken an die Floskeln, die für alle Mitarbeiter und jedes Jahr identisch waren. Dieser Standardbrief war nichts wert, weil er so beliebig und austauschbar war. Es fehlte ihm die persönliche Wertschätzung. Dabei lernten sie in jeder Schulung, wie wichtig Anerkennung und Wertschätzung für die Motivation waren.

„Was ist denn los?" Einem seiner Gäste war aufgefallen, wie einsilbig Jorge war. Er erzählte ein wenig von seinem aktuellen Motivationstief. Dass sich sein Chef so gar nicht für seine Arbeit zu interessieren schien. Nie ein Wort der Anerkennung ganz nach dem Motto: „Nicht geschimpft ist genug gelobt." Alle lachten. Dann fing sein Freund Hans plötzlich an, den Advocatus Diaboli zu spielen. „Man kann Mitarbeiter nicht motivieren; die müssen aus sich selbst heraus motiviert sein." Jorge schnappte nach Luft. Diesen Satz hasste er wie die Pest. Hans lachte. Sie spielten einmal die Woche gemeinsam Tennis und tranken danach in der Regel noch ein Bier. Daher kannte er Jorge ziemlich gut und wusste, wie man ihn provozieren konnte – und Hans provozierte gerne.

Jorge entspannte sich ein wenig, als er erkannte, dass Hans ihn auf den Arm nahm. Trotzdem konnte er sich nicht zurückhalten. „Es gibt nichts Demotivierenderes als einen Chef, der nicht ständig die Motivation aufrecht zu halten sucht." Hans wurde ernst. Was Jorge denn von seinem Chef erwarte. „Na ja, wie gesagt, ein wenig Anerkennung. Und nicht nur die unpräzisen Lobhudeleien, die ich beim Mitarbeitergespräch zu hören bekomme." Im Kindergarten waren sie vor einigen Jahren mal bei einem Elternabend gewesen, wo es um genau dieses Thema gegangen war. Man sollte Kinder viel loben. Das stärke ihr Selbstbewusstsein. Das Lob müsse aber konkret auf eine Aktion bezogen sein. Zum Beispiel: „Das Bild hast du schön gemalt. Der Fisch lacht ja." Die Kindergärtnerin hatte gemeint, unpräzises Lob stärke nicht das Selbstbewusstsein, sondern mache das Kind abhängig von der Meinung anderer. Damals hatte Jorge die Theorie der Antreiber noch nicht gekannt. Jetzt erkannte er die Ähnlichkeit zu „Gefalle!". Jorge war es jedoch nicht so wichtig, seinem Chef zu gefallen. Ihn störte etwas anderes an der Lobhudelei. Es bestärkte ihn in seinem Eindruck, dass sein Chef gar nicht wusste, was Jorge alles leistete.

Lenya war auf die Terrasse gekommen und hatte die letzten Sätze der Unterhaltung aufgeschnappt. „Das ist der Unterschied zwischen Lob und Anerkennung. Anerkennung motiviert wirklich. Kann mir bitte mal jemand beim Tragen helfen?" Jorge blieb sitzen. Erstens war heute sein Geburtstag und zweitens gab es auch ohne ihn hinreichend viele Freiwillige. Das Warten hatte sich gelohnt. Der Nachtisch, ein noch warmer Schokoladenkuchen, schmeckte fantastisch. Lenya erntete jede Menge anerkennendes Lob.

„Guten Abend zusammen." Julia war durch den Garten gekommen und stand unvermittelt auf der Terrasse. Sie hatte den Abend bei einer Freundin verbringen dürfen und war ungewöhnlich pünktlich daheim. Wahrscheinlich auch ein Geburtstagsgeschenk – heute mal keinen Streit. Vielleicht hatte sie aber auch auf den Nachtisch spekuliert. Falls das der Fall war, so war die Rechnung aufgegangen. Zwei der Gäste hatten vorzeitig aufgegeben. „Ich muss mir aber erstmal die Hände waschen. Ich habe in was Glibberiges gefasst. Ist mir neulich schon mal passiert. Total widerlich."

Wie eine Erscheinung rauschte Julia an allen vorbei und verschwand im Haus. Jorge musste zugeben, dass er stolz auf sie war. Sie war groß geworden und sah nicht mehr so kindlich aus. Auch Jorges Gästen war diese Tatsache aufgefallen. Jorge dachte darüber nach, dass es hübsche Menschen in dieser Welt vermutlich einfacher hatten. Er selbst würde sicherlich jedes seiner Kinder gleichermaßen lieben und schätzen, aber die anderen? Bedingungslose Wertschätzung war ebenfalls etwas, was er bei seiner Arbeit manchmal vermisste. Er hatte nicht den Eindruck, dass alle Mitarbeiter wertschätzend behandelt wurden. Manni hatte mal die Art und Weise, wie ihnen Entscheidungen mitgeteilt wurden, sehr treffend als „Feudalherrschaft" bezeichnet – hier die Herren, dort die Knechte.

Es waren jedoch nicht alle so. Die Sache mit der Geburtstags-Mail von seiner entfernten Kollegin war ein schönes Gegenbeispiel. Obwohl sie zurzeit kaum etwas miteinander zu tun hatten, war er ihr doch hinreichend wichtig, dass sie sich die Mühe machte, ihm ein paar individuelle Zeilen zu schreiben. Er wusste, dass sie dies auch mit anderen Kollegen machte. Sie schätzte jeden Einzelnen als Person und nicht nur als Arbeitskraft. Das gefiel Jorge.

Hans ließ nicht locker und verteidigte Jorges Chef noch immer. „Jetzt stell dir mal vor, er würde sich von heute auf morgen ändern. Wärst du dann motivierter?" „Ich würde es ihm nicht glauben." „Genau. Und das würde ihn wiederum demotivieren. Mit anderen Worten: Ihr seid in einem Teufelskreis." Nun mischte sich Hans' Lebensgefährtin ein. „Hast du ihm denn schon mal gesagt, wie du dich fühlst?" Diese Frage hätte auch von Lenya kommen können. Natürlich nicht. „Versuch das mal. Nimm die Sache in die Hand und hör auf, dich als Opfer zu fühlen. Man kann auch lateral führen."

Julia, die inzwischen wieder aufgetaucht war, fragte, was das bedeute. Laterale Führung sei Führung ohne Weisungsbefugnis, also wenn man nur durch Einflussnahme und Überzeugungskraft die Dinge vorantreibe. Wie der Kapitän einer Fußballmannschaft oder eben ein Projektmanager in einer Matrixorganisation. Julia schüttelte den Kopf. Sie hatte nur wissen wollen, was „lateral" heiße. Hans sprang ein. „Latus" sei Latein für „Seite". Laterale Führung sei also Führung von der Seite. Prompt musste sich seine Lebensgefährtin korrigieren. Eigentlich habe sie „Führen nach oben" gemeint. Sie habe jedenfalls gute Erfahrungen gemacht, Lob aktiv einzufordern. Das möge zwar „Fishing for compliments" sein, aber immerhin bekäme man am Ende in der Regel ein Kompliment.

Der Rest des Abends klang friedlich aus. Beim Zähneputzen dachte Jorge noch einmal an Manni. Dann kam ihm Alex in den Sinn. Morgen würde er sich bei Christine melden. Heute Abend war es dafür zu spät. Sein Halsweh war abgeklungen.

einheitlicher
Detaillierungs-
grad

14.

Priorisieren

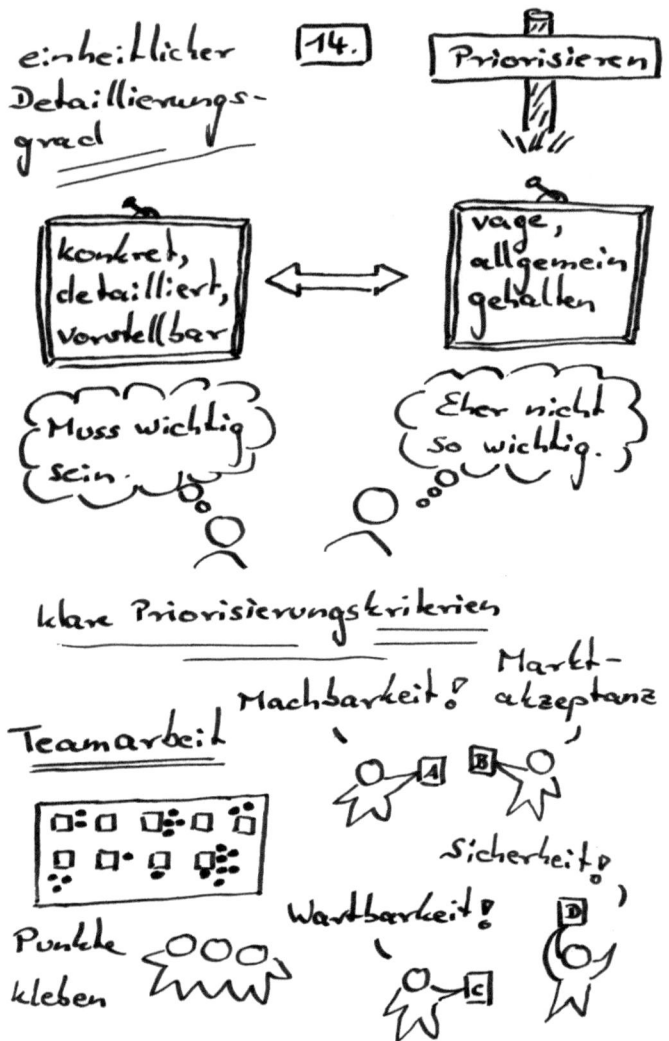

konkret,
detailliert,
vorstellbar

⟷

vage,
allgemein
gehalten

Muss wichtig sein.

Eher nicht so wichtig.

klare Priorisierungskriterien

Teamarbeit

Machbarkeit?

Markt-
akzeptanz

A B

Sicherheit?

D

Wartbarkeit?

Punkte kleben

C

14. In der Notaufnahme

Alles eine Frage der Priorität

Die letzten Gäste waren gegen 3 Uhr morgens gegangen. Jorge fühlte sich überraschend fit, vor allem wenn man bedachte, dass sie zum Schluss noch gemeinsam seine Spirituosenbestände geplündert hatten. Die Lebenszweifel von gestern Abend waren verflogen. Beherzt suchte sich Jorge ein Tablett und begann, den Pavillon aufzuräumen. Nach einer Weile kam Lenya dazu. Christoph musste auch schon wach sein, ließ sich allerdings nicht blicken. Selbst Julia schien die strahlende Sonne aus dem Bett getrieben zu haben. Jedenfalls belegte sie laut Lenya bereits seit Stunden das Badezimmer. Offenbar hatte sie sich einen Magen-Darm-Virus eingefangen, der sie die halbe Nacht wachgehalten hatte.

Zum Frühstück aßen sie die Reste des Geburtstagskuchens. Überhaupt waren sie für heute versorgt. Es waren noch jede Menge leckere Sachen von gestern übrig geblieben. Gegen zwei Uhr war das Schlachtfeld aufgeräumt. Jorge kämpfte mit der Plane des Pavillons, die partout nicht wieder in den Beutel passen wollte. Vom Nachbarn war nichts zu sehen. Er hatte gestern Abend pflichtschuldig gratuliert, war dann aber noch vor dem Hauptgericht wieder verschwunden. Na ja, wer nicht will der hat schon, sagte sich Jorge.

Nur Julia machte ihnen inzwischen richtig Sorgen. Sie hatte Magenkrämpfe und konnte nicht einmal Gemüsebrühe zu sich nehmen. Er konnte spüren, wie Lenyas Sorge wuchs. Normalerweise hätten sie den Hausarzt hinzugezogen, aber so etwas passierte ja immer nur am Wochenende. Jorge fühlte sich schuldig. Ohne die

Geschichten von Amir, Manni und den ganzen anderen kranken Kollegen wäre Lenya viel cooler geblieben. Sie neigte nicht dazu, eine überbehütende Mutter zu sein.

Zwei Stunden später hielt es Lenya nicht mehr aus. Sie wollte auf Nummer sicher gehen und beschloss, mit Julia in die Notfallklinik zu fahren. Er könne ja daheimbleiben, was natürlich nicht in Frage kam. Schließlich machte er sich ebenfalls Sorgen – obwohl ihm der Verstand sagte, dass es sich um ein anderes Krankheitsbild handelte. Er zog sich schnell um und holte das Auto aus der Garage. Sie fuhren zur Klinik, wo er seine beiden Frauen vor der Tür absetzte und sich dann auf die Suche nach einem Parkplatz begab. Leichter gesagt als getan. Schließlich beschloss er, das Auto im Parkhaus der Firma abzustellen. Das war zwar ein wenig Fußmarsch, aber wenigstens war er sicher, dass es dort mehr als zwei Stunden stehen bleiben konnte.

Zügig lief er den Gehweg entlang zurück zur Klinik. Er befand sich in einer Seitenstraße. Heute waren angenehm wenige Radfahrer unterwegs. An normalen Arbeitstagen wimmelte es hier nur so von wildge-wordenen Drahteseln, deren Reiter alle entweder ein hellblaues Hemd oder ein Poloshirt mit Logo trugen, das er auch im Schrank hatte. Tatsächlich waren die meisten Verkehrsteilnehmer in dieser Gegend im engeren oder weiteren Sinne seine Kollegen. Der ganze Stadtteil war durch seine Firma geprägt.

Jorge wartete an der Ampel. Verwundert schaute er auf einen seltsamen Strickschlauch, der sich um einen Laternenpfahl neben der Ampel schlang. Hatte sich da jemand einen Spaß gemacht und die Laterne im wahrsten Sinne des Wortes „eingestrickt"? Jorge sah jetzt, dass es ähnliche Strickstrümpfe auch an den anderen drei Seiten der Kreuzung gab. Vielleicht eine Wette? Wer strickt am schnellsten, ohne sich dabei erwischen zu lassen? Kopfschüttelnd überquerte Jorge die Straße und lief weiter. An der nächsten Ampel entdeckte er wieder so ein merkwürdiges Strickgebilde. Oder war es gehäkelt? Jorge war kein Experte in Handarbeit. Wie hatten die Autoren, Künstler oder Chaoten – wie auch immer man die Verursacher nennen wollte – es geschafft, den Pfahl völlig zu umhüllen? Vielleicht war der Fetzen daheim gestrickt und dann nur schnell um die Ampel genäht worden? Das wäre eine Erklärung.

An der nächsten Ampel besah sich Jorge die Sache von allen Seiten, um wenigstens diese Frage zu klären. Angewidert schreckte er zurück. Die Wolle stank erbärmlich. Wahrscheinlich war sie nass geworden und moderte nun vor sich hin.

In der Klinik angekommen, fand er Lenya und Julia zusammen mit ca. 10 weiteren Personen im Wartebereich sitzen. Resigniert betrachtete er die Hinweisschilder an der Wand. Sie konnten sich wohl auf eine lange Wartezeit einstellen. Auf den Wandplakaten warb die Klinik um Verständnis, dass die Reihenfolge der Behandlung von medizinischen Aspekten abhängig gemacht wurde und nicht dem Motto „wer zuerst kommt, mahlt zuerst" folgte. Jorge setzte sich und begann, über die Vergabe von Prioritäten im Krankenhaus nachzudenken. Das Wichtige vor dem Dringenden, so hatte er es gerade vor kurzem gelesen. Nur war hier im Krankenhaus alles dringend. Ansonsten hätten sie ja bis Montag warten und zum Hausarzt gehen können. Jorge beschlich der Verdacht, dass das auch gescheiter gewesen wäre. Ihm schräg gegenüber setzte sich ein junger Mann in Arbeitskluft, vermutlich ein Bauarbeiter, der anscheinend die Hand in eine Maschine bekommen hatte. Jorge lief es kalt den Rücken runter, als er den blutverkrusteten Unterarm sah. Das war bestimmt ein wichtiger UND dringender Fall.

Tatsächlich musste auch der arme Bauarbeiter fast eineinhalb Stunden warten, bis er endlich behandelt wurde. Als Jorge sich ein wenig die Füße vor der Tür vertrat, erkannte er den Grund dafür. Offenbar hatte es auf der nahegelegenen Autobahn einen größeren Unfall gegeben. Jedenfalls standen zwei Krankenwagen vor der Notaufnahme, deren Fahrer gemeinsam mit ihrer Fracht im Gebäude verschwunden waren.

In einem Punkt beneidete Jorge die Ärzte. Sie wussten, nach welchem Kriterium sie zu priorisieren hatten. Es ging immer um die Patientengesundheit. Was sie im Projekt Prio 1, 2 und 3 nannten, hieß hier „lebensbedrohlich", „schnelles Eingreifen erforderlich", „kann warten". So gesehen war auch im Krankenhaus nicht alles dringend – jedenfalls nicht aus Sicht der Ärzte.

Was Jorge wieder auf seine Projekte brachte. Bei ihnen waren die Kriterien überhaupt nicht klar. Der Erste priorisierte nach Marktakzeptanz, der Zweite nach Risiko der technischen Machbarkeit, ein Dritter nach gefühlter Bedeutung für die Firma. Schriftart und Farben hatten üblicherweise eine hohe gefühlte Bedeutung für die Firma. Streng genommen war alles für irgendwen nach irgendeinem Kriterium von höchster Priorität.

Leider waren ihre Firmenfarben nicht ideal für Menschen mit schwachem Farbsehen. Die Anforderung biss sich daher mit dem Wunsch nach hoher Gebrauchs-tauglichkeit. Wobei das schon fast ein Luxusproblem war. Manchmal waren die Anforderungen so geschrieben, dass man sie überhaupt nicht vernünftig gegeneinander abwägen konnte. Noch so ein Problem, mit dem Jorge in seinen Projekten manchmal kämpfte und welches es hier im Krankenhaus nicht gab. Hier war jeder Patient im Wartesaal eine Anforderung. Die Anforderungen waren also homogen. In seinem Projekt gab es in der Regel eine Anforderung namens „mitgeltende Dokumente" mit einer langen Liste an Normen und Standards, die zu erfüllen waren. Diese Anforderung konkurrierte mit Punkten wie „Bedienung muss älteren Menschen leichtfallen" oder „die Bluetooth-Schnittstelle muss mit allen Bluetooth-Versionen ab V3.0 kompatibel sein". War die Kompatibilität jetzt wichtiger als die Einhaltung der Normen? Wer konnte so etwas überhaupt entscheiden?

Aus Erfahrung wusste Jorge, dass drei Punkte besonders wichtig waren, um zu einer sinnvollen Priorisierung zu kommen:

1. Die Anforderungen mussten existieren, vollständig und vor allem vergleichbar sein. Jorge konnte auch mit sehr allgemein gehaltenen Anforderungen leben, so lange sie einheitlich detailliert waren. Ansonsten war es schwierig, sie gegeneinander abzuwägen.
2. Die Priorisierung musste von mehreren Personen gemeinsam durchgeführt werden. Nur so konnte man die strittigen Punkte vernünftig klären. Üblicherweise organisierte Jorge einen Workshop mit allen Beteiligten. Es war nicht immer ganz einfach, hierfür einen Termin zu finden, doch es lohnte den Aufwand. Danach gab es viel weniger Diskussionen als sonst.

3. Allen Teilnehmern musste klar sein, nach welchem Kriterium priorisiert wurde. Bei ihnen gab es in der Regel ein bis zwei Kriterien: die Bedeutung der Anforderung für den Erfolg des Produktes auf dem Markt und manchmal auch mögliche Gefährdungen von Personen, Gütern oder der Umwelt. Sie hatten die beiden Aspekte streng getrennt. Pro Anforderung gab es also zwei Werte zu vergeben, wobei unterschiedliche Gruppen die Bewertung vornahmen.

Wenn sich die Diskussion festgefahren hatte, nutzte Jorge Moderationstechniken wie „Punkte kleben". Dabei bekam jeder Teilnehmer mehrere Klebepunkte und konnte diese nach Gutdünken verteilen. Es gab eine Formel, mit der man die Anzahl der Klebepunkte aus der Anzahl der zu wählenden Alternativen berechnen konnte. Irgendwas wie Anzahl der Alternativen geteilt durch zwei, mindestens jedoch 3 und maximal 10 Klebepunkte. Jorge nahm ganz gerne sieben, was aber mehr daran lag, dass Klebepunkte in der Firma gar nicht so leicht zu bekommen waren. Natürlich hätte man auch Striche machen können, aber Jorge mochte den haptischen Aspekt. Die Klebepunkte waren „griffiger".

Julias Bauchkrämpfe hatten inzwischen nachgelassen. Sie musste auch nicht mehr ständig auf die Toilette. Klar, der Magen war leer. Jorge kam immer mehr zu dem Schluss, dass sie überreagiert hatten. Julia gehörte ins Bett, sonst nichts. Gerade als er Lenya davon überzeugt hatte, nach Hause zu gehen, wurde Julia aufgerufen. Danach ging alles sehr schnell: Verdacht auf Darminfektion durch E. coli Bakterien, abwarten, falls es morgen nicht besser ist nochmal zum Hausarzt gehen. Jorge seufzte. Er hätte den Sonntag auch gemütlich auf seiner sonnigen Terrasse verbringen können.

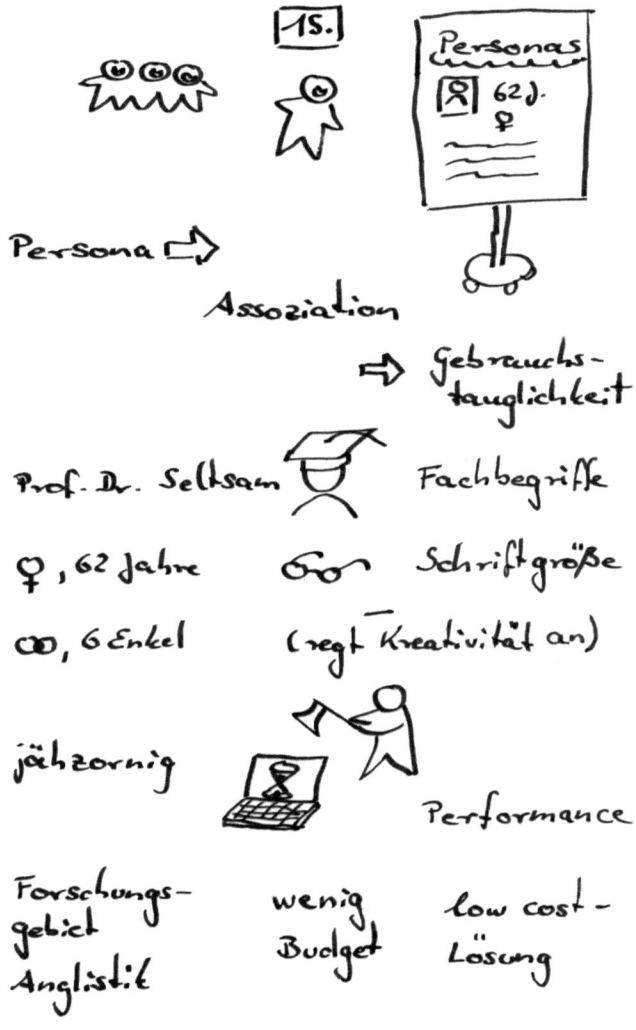

15.

Persona ⟹

Assoziation

⟹ Gebrauchs-tauglichkeit

Prof. Dr. Seltsam   Fachbegriffe

♀ , 62 Jahre   Schriftgröße

∞, 6 Enkel   (regt Kreativität an)

jähzornig   Performance

Forschungs-gebiet   wenig   low cost -
Anglistik   Budget   Lösung

105

15. Die Polizei schaltet sich ein

Personas

Jorge war seit längerem mal wieder in der Firma. Alle, die noch auf zwei Beinen stehen konnten, waren zu einer Krisensitzung gerufen worden. Nun standen sie im Atrium. Oben am Geländer sah Jorge Vertreter des oberen Managements. Daneben standen zwei Polizisten in Uniform. Jorge erkannte die Vorstands-vorsitzende. Vor einiger Zeit war er mal in den Genuss einer internen Weiterbildung gekommen. In diesem Zusammenhang hatte er an einem Diskussions-Workshop mit der obersten Leitung der Firma teilgenommen. Ihn hatte damals überrascht, wie gut ihr CEO über seine Projekte informiert war.

Die Vorstandsvorsitzende schilderte gerade die Lage der Firma. 36% Krankenstand, insgesamt drei Todesfälle, mehrere Patienten im kritischen Zustand auf der Intensivstation. Man konnte ihr die Erschütterung ansehen. Inständig bat sie die Anwesenden, vorsichtig zu sein, sich regelmäßig die Hände zu waschen und bei geringsten Anzeichen einer Erkrankung zum Arzt zu gehen. Kein Wort über die finanziellen Einbußen, was ihr Jorge hoch anrechnete.

Dann ergriff einer der beiden Polizisten das Wort. Offenbar war es tatsächlich so, dass nur ihre Firma derartig von der „Grippewelle" betroffen war. Die Polizei ging davon aus, dass es sich um eine gezielte, kriminelle Attacke handelte und war nun auf der Suche nach dem Urheber und seinem Motiv. Der Ordnungshüter bat um zweckdienliche Hinweise und kündigte an, einige gezielte Gespräche führen zu wollen. Daher bat er alle Anwesenden, sich nun in ihre Büros zu begeben. Sie würden gemeinsam die Runde machen und versuchen, so viel Hilfreiches wie möglich in Erfahrung zu bringen. Jorge begab sich in sein Büro, hielt es dort jedoch nur wenige Minuten aus. Er musste reden. Also ging er in das anliegende Großraumbüro.

Ein paar Kollegen hatten sich um einen Rechner versammelt und schauten gespannt auf den Bildschirm. Neugierig kam Jorge näher. Offenbar hatte einer der Kollegen einen USB-Stick auf dem Parkplatz gefunden und nun wollten alle wissen, was darauf gespeichert war. Jorge tat einen Schrei, aber es war schon zu spät. Es flackerte und ein grinsender Smiley erschien auf dem Bildschirm. Wahrscheinlich sagte der Smiley auch etwas, aber der Computer war auf lautlos gestellt. Sein Kollege riss den Stick heraus und schaltete den Rechner ab. Wie konnte so etwas passieren? Warum hatte der Virenscanner nicht angeschlagen? Es stellte sich heraus, dass der Rechner ganz neu und noch nicht von der IT-Abteilung konfiguriert worden war. Wie denn auch? In der IT-Abteilung waren ja alle krank. Immerhin bedeutete das auch, dass der Rechner nicht im Netz gewesen war. Somit war der Schaden nur begrenzt.

Durch die Glasscheibe sah Jorge, wie sich die beiden Polizisten seinem Büro näherten. Er ging hinüber und erzählte sofort von dieser erneuten Attacke auf die Firma. Jetzt glaubte er auch an einen gezielten Angriff. Die Polizisten befragten ihn zu Amir. Er schilderte den Hergang. Zu seinen erkrankten Teamkollegen konnte er nicht viel sagen. Auffällig war nur, dass es eher die Sportlicheren unter ihnen zu treffen schien. Dann kamen sie auf Manni zu sprechen. Nein, er konnte sich nicht vorstellen, das Manni Feinde gehabt hatte. Jorge konnte sich überhaupt nicht vorstellen, was jemanden dazu bringen könnte, Krankenhauskeime in der Firma zu streuen. Denn darauf lief es hinaus. Ob er sich an Kollegen erinnern könnte, denen gekündigt worden war oder die sonst einen Groll gegen die Firma haben könnten? Nein, konnte er natürlich nicht. Ob er noch andere Krankheitsfälle in der Bekanntschaft hätte. Er zögerte, erzählte dann aber doch von Julia. Allerdings schienen die Polizisten keinen Zusammenhang zu sehen. Es war ja nicht der gleiche Erreger. Der jüngere der beiden Polizisten gab ihm eine Karte mit einer Telefonnummer. Hier könne er anrufen, wenn ihm noch etwas einfiele.

Jorge beschloss, noch eine Weile in der Firma zu bleiben. Es war ja nicht so, dass er keine Arbeit hätte. Da war immer noch das Thema mit der Gebrauchstauglichkeit. Daheim hatte Jorge sich ein wenig im Internet schlau gemacht und eine Technik gefunden, die er gerne ausprobieren wollte: Personas. Personas sind Beispiele für urtypische Produktanwender. In einer Arztpraxis gibt es zum Beispiel die Ärztin, ihren Assistenten, die Praxishelferin und den Praktikanten. Bis dahin ähneln Personas den Akteuren, die Jorge aus der Anwendungsfall-Analyse (Use Case Analysis) kannte. Anders als besagte Akteure sind Personas aber konkrete Vertreter mit ihren ureigenen Merkmalen. Dazu gehören Name, Alter, Ausbildung sowie auch Hobbies, Vorlieben und Schwächen, Familienstand und andere, mehr oder weniger hilfreiche Eigenschaften. Dadurch wird die Person gewissermaßen „greifbarer" und wir können uns besser in sie einfühlen.

Jorge stellte es sich lustig vor, Personas zu erfinden. Das war genau, was sie jetzt brauchten, denn die Stimmung in der Firma war gedrückt. Er suchte sich ein paar Kollegen, die noch immer auf ihre Befragung durch die Polizei warteten und schilderte ihnen seine Idee.

Dann ließen sie ihrer Kreativität freien Lauf. Heraus kamen mehrere Steckbriefe, für die Jorge später noch Fotos heraussuchen würde.

Dr. Walther, 56 Jahre alt, verheiratet, zwei Kinder (8 und 13)
Facharzt für Dermatologie, Fortbildungen in Allergologie und Akupunktur
leicht kurzsichtig, sehr akribisch, stellt hohe Ansprüche an sein Personal
arbeitet am Uni-Klinikum und in einer Gemeinschaftspraxis

Für Jorge waren Personas eine Kreativitätstechnik, auch wenn es im Internet nicht so genannt wurde. Der Witz war, dass sie ihre Fantasie spielen lassen konnten und damit den Betrachtungshorizont erweiterten. Wie beim Brainstorming half die fröhliche Atmosphäre, Assoziationen im Hirn zu aktivieren und somit kreativ zu sein. Im Grunde war es für das Projekt völlig irrelevant, ob der Praktikant schon Vater war und ob der Assistenzarzt zu Jähzorn neigte. Auf den Gedanken waren sie rein durch den Spaß am Erfinden einer Person gekommen. Die genannten Eigenschaften gewannen jedoch an Bedeutung, sobald er an Fehlertoleranz und akzeptable Antwortzeiten dachte. Schließlich musste er davon ausgehen, dass junge Väter oft übermüdet und jähzornige Menschen in der Regel nicht besonders geduldig sind.

Sie hatten kaum mehr als eine halbe Stunde zusammengesessen und jede Menge Spaß gehabt. Dabei waren überraschend viele Aspekte zu Tage gekommen, an die Jorge noch gar nicht gedacht hatte. Er bedankte sich bei seinen Kollegen und machte sich daran, die dazugehörigen Anforderungen aufzuschreiben.

Auf dem Weg zum Auto kam Jorge wieder am Fahrradständer vorbei. Inzwischen gab es keinen großen Unterschied mehr zwischen ihrem Unterstand und dem großen Fahrradparkplatz am Bahnhof. Überall lagen Fahrradleichen. Einige verstreute Schlösser ließen vermuten, dass Fahrräder gestohlen worden waren. Ganz offensichtlich hatte sich die Polizei doch nicht um das Thema gekümmert. Nun ja, sie hatten tatsächlich im Augenblick andere Sogen.

Abrupt blieb Jorge stehen. Das war es! Wie Schuppen fiel es ihm von den Augen. Alle seine kranken Kollegen waren passionierte Radfahrer. Alex fuhr Rad. Auch Julia war viel mit dem Fahrrad unterwegs. Hatte Julia nicht etwas von glibberigem Schmier erzählt? Jorge stürmte zurück ins Gebäude, um den Polizisten diese Erkenntnis mitzuteilen. Die beiden Beamten waren jedoch unauffindbar. Also rief Jorge die Nummer an, die sie ihm gegeben hatten. Eine höfliche, wenn auch nicht besonders warmherzig wirkende Beamtin nahm seine Schlussfolgerungen auf. Deutlich konnte er den Zweifel in ihrer Stimme hören. In der Stadt gab es einfach zu viele Radfahrer. Das war kein besonderes Kennzeichen. Frustriert machte sich Jorge auf den Heimweg. Fast hätte er dabei einen Unfall gebaut, weil er nach Hinweisen suchend mit den Augen mehr auf dem Radweg als auf der Straße war.

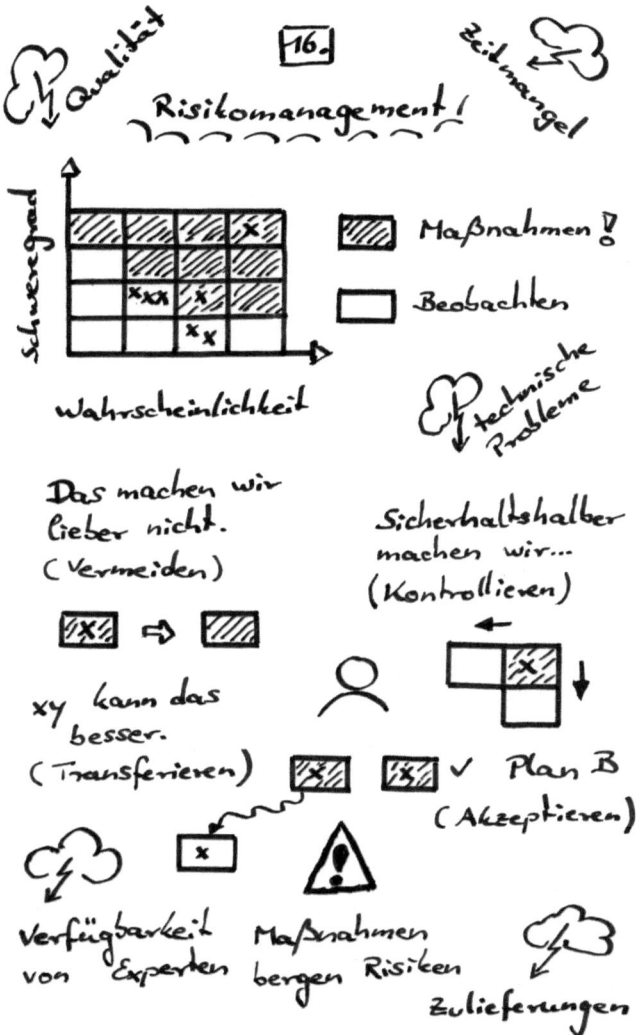

Qualität

16.

Zeitmangel

Risikomanagement!

Schweregrad

Wahrscheinlichkeit

Maßnahmen!

Beobachten

technische Probleme

Das machen wir lieber nicht.
(Vermeiden)

Sicherhaltshalber machen wir...
(Kontrollieren)

xy kann das besser.
(Transferieren)

✓ Plan B
(Akzeptieren)

Verfügbarkeit von Experten

Maßnahmen bergen Risiken

Zulieferungen

16. Jorge ermittelt

Wer die Gefahr nicht kennt, ist nicht mutig, sondern leichtsinnig.

Daheim angekommen ging Jorge sofort in die Garage und holte sein Rennrad heraus. Dann suchte er eine Viertelstunde nach der Luftpumpe. Er fand sie schließlich in Christophs Zimmer, was an ein Wunder grenzte. Hier sah es aus, als habe eine Bombe eingeschlagen. Jorge war jedoch viel zu sehr mit seiner Theorie beschäftigt, um sich über den mangelnden Ordnungssinn seines Sprösslings aufzuregen. Wenn er recht hatte, musste es auf der Radstrecke irgendwelche Hinweise geben.

Er war schon fast startklar, als Lenya nach Hause kam. Verständlicherweise war sie nicht gerade begeistert von seinem Plan, die Gegend per Fahrrad abzusuchen. Wenn er recht hatte (und es klang durchaus plausibel), dann lauerten auf dem Radweg Gefahren, die er nicht einschätzen könne. Er wollte ihre Bedenken abtun, wurde jedoch nachdenklich, als sie ihn an Manni erinnerte. Kannte er das Risiko? Nicht wirklich. Ein Risiko bestimmt sich aus der Kombination von Schweregrad und Wahrscheinlichkeit. Wie hoch war die Wahrscheinlichkeit, dass er sich infizieren würde? Er hatte keine Ahnung. Er wusste nicht einmal, ob er eine Chance hatte, die Gefahr rechtzeitig zu erkennen. Das Einzige, was er sicher kannte, war der Schweregrad. Manni und die anderen hatten gezeigt, dass die Sache tödlich ausgehen konnte. Das war nicht akzeptabel.

Lenya redete noch immer auf ihn ein. Er hörte leichte Panik in ihrer Stimme. Ihm wurde warm ums Herz. Offenbar war er ihr nicht gleichgültig. Nicht, dass er das gedacht hätte, aber es tat trotzdem gut, den Beweis zu haben. Außerdem hatte sie durchaus Recht. In seinen Projekten machte er ja auch üblicherweise eine Risikobetrachtung und überlegte sich Gegenmaßnahmen. Beispielsweise hatte er dafür gesorgt, dass kein Quellcode ins System eingebracht wurde, der nicht vorher von einem anderen Entwickler gegengelesen worden war. Mit dieser Klappe schlug er gleich zwei Fliegen. Erstens gab es eine Qualitätskontrolle und zweitens vermied er so, dass sich das Wissen auf eine einzige Person konzentrierte. Damit hatte er einerseits die Auftretenswahrscheinlichkeit von Fehlern und andererseits den Schweregrad eines krankheitsbedingten Ausfalls seiner Experten reduziert. Wobei ihm dies in der aktuellen Lage zugegebenermaßen nicht half. Auf den Gedanken, dass seine ganze Mannschaft krank werden könnte, war er nicht gekommen.

Andere Projektrisiken waren nicht so leicht zu beherrschen. Mit hoher Wahrscheinlichkeit würden sie ihr Testsystem nicht rechtzeitig geliefert bekommen. Realistisch betrachtet konnte es sehr wohl sein, dass sich dadurch ihr Meilenstein um bis zu einem Monat verschieben würde, was laut Vertrag eine deftige Strafzahlung nach sich ziehen könnte. Prinzipiell sah Jorge drei Möglichkeiten, mit diesem Risiko umzugehen. Entweder, die Firma sorgte dafür, dass das Testsystem rechtzeitig eintraf, oder sie verhandelte den Liefertermin beim Kunden neu, oder machte Rückstellungen, um im Zweifelsfall die Strafe bezahlen zu können. Da Jorge jedoch auf keinen dieser Punkte wirklich Einfluss hatte, hatte er die Sache an den Lenkungskreis eskaliert. Sollten die sich damit rumschlagen.

Er ging mit Lenya zurück ins Haus, um noch einmal systematisch zu überlegen, was genau passieren konnte. Sie kannten die Gefährdung, also die potenzielle Schadensursache. Alle Opfer waren an einer bakteriellen Infektion erkrankt. Wenn die Zeitungen mit ihrer Grippewelle recht hatten, mussten sie zudem virale Erreger mit in Betracht ziehen. Sie wussten ferner, dass solche Erreger per Tröpfen durch die Luft und durch Kontakt zu infizierten Oberflächen übertragen wurden. Wenn er sich schützen wollte, durfte er nichts anfassen und sollte einen Mundschutz tragen. Jorge dachte an eine asiatische Kollegin, die immer nur mit Mundschutz in die U-Bahn stieg. Irgendwo im Keller musste noch so eine Staubmaske vom Baumarkt sein. Das war zwar nicht ideal, aber besser als nichts. Lenya bestand darauf, dass er auch Handschuhe anzog. Schließlich konnte er nicht ausschließen, dass seine Maßnahme „nichts anfassen" versagte, beispielsweise wenn er aus irgendeinem Grund stürzte.

Lenya fand das Risiko immer noch sehr hoch. Warum überhaupt er? Das sei doch Sache der Polizei. Auch diese Diskussion kannte Jorge aus seinen Projekten. Über die Frage, ab wann ein Risiko akzeptabel war, gab es oft kontroverse Diskussionen. Normalerweise gehörte er zu den Vertretern der vorsichtigen Fraktion, doch heute lagen die Dinge anders. Er brannte darauf, selbst etwas zu unternehmen. Das war er Manni schuldig. Er versprach, auf sich aufzupassen und radelte los.

Schon an der ersten Ampel hätte er um ein Haar alle guten Vorsätze vergessen. Es handelte sich um eine Bedarfsampel. Man musste also auf einen Hebel drücken, damit die Ampel für Radfahrer und Fußgänger auf grün schaltete. Gewohnheitsmäßig streckte er die Hand aus und nur der ungewohnte Plastikhandschuh erinnerte ihn gerade noch rechtzeitig an die Gefahr.

Nach einiger Überlegung verwarf er die Idee jedoch wieder. Wenn es die gelben „Knöpfe" an den Ampeln wären, dann hätten auch jede Menge Fußgänger und vor allem auch Kinder krank werden müssen. Wie oft sah er die Kinder zur Ampel rennen und drücken, obwohl sie die Straße gar nicht überqueren wollten. Trotzdem wollte er kein Risiko eingehen und fuhr bei Rot über die Kreuzung.

An der nächsten Ampel stellte sich dasselbe Problem. Diesmal blieb Jorge auf Abstand und wartete. Ein Mountainbiker im T-Shirt raste an ihm vorbei bis zur Ampel, wo er abrupt stoppte und auf den Knopf drückte. Dann brachte sich der Radfahrer wieder in Stellung. Die linke Hand am Lenker, hielt er sich mit der rechten Hand am Pfosten der Ampel fest. Die Pedale stellte er so, dass er die maximale Kraft für den Start hatte. Kaum hatte die Ampel umgeschaltet, spurtete der junge Mann los. Langsam fuhr Jorge an die Ampel heran und betrachtet den Pfosten. Dieser war von den vielen Händen schon ganz blank gerieben. Klar. Alle Radfahrer hielten sich gerne an der Ampel fest.

Die nächste Kreuzung war mit einer normalen Ampel ausgestattet. Jorge staunte nicht schlecht. Die Städteplaner hatten offensichtlich die Bedürfnisse der Radfahrer erkannt und einen Haltegriff aus Plastik angebracht. Jorge war kein Mediziner, aber ihm war so, als würden sich Bakterien und Viren auf Plastik wohler fühlen als auf Metall. Diesen Griff würde er auf gar keinen Fall anfassen! Nicht einmal mit dem Handschuh. Auf den ersten Blick schien der Griff sauber zu sein. Bei genauerer Betrachtung konnte man jedoch eine Fettschicht erkennen. Das Lenkrad seines Autos sah manchmal so aus, weil sich Lenya gerne vor der Fahrt noch die Hände eincremte.

Nächste Ampel, gleiches Spiel. Dann kam Jorge in die Gegend mit den komischen Strickpfosten. Erst jetzt erkannte er, dass die Strickummantelung genau auf der Höhe der glänzenden Stellen war. Ganz so, als hätte es jemand für die Radfahrer komfortabler gestalten wollen. Jorge konnte sich durchaus vorstellen, dass die Pfosten morgens sehr kalt und unangenehm anzufassen waren. Einige Strickgebilde waren heruntergerutscht. Wahrscheinlich waren sie nicht stramm genug befestigt worden. Jorge hätte gerne an der Wolle gerochen, ließ er jedoch bleiben. Sein Mundschutz war für groben Staub gedacht und keine antibakterielle Atemmaske. Auf Abstand betrachtet schien die Wolle trocken zu sein. Es war ja auch schon seit einigen Tagen sonnig. Ob sich morgens Tau bildete? Denkbar war es.

Unbewusst rückte Jorge seinen Mundschutz zurecht und erschrak. Jetzt hatte er sich doch mit den Handschuhen ins Gesicht gefasst. Wie gut, dass er nichts berührt hatte. Ihm wurde klar, dass die Risikokontrollmaßnahme selbst ebenfalls Risiken barg. Er beschloss, kehrt zu machen. Inzwischen war er sich seiner Sache ziemlich sicher. Die Strickpfosten gab es nur rund um seine Firma. Natürlich konnte er nichts beweisen. Dazu bedarf es einer mikrobiologischen Untersuchung, die nur die Polizei einleiten konnte. Er wendete und radelte auf der Fahrbahn heim. Den Radweg mied er geflissentlich.

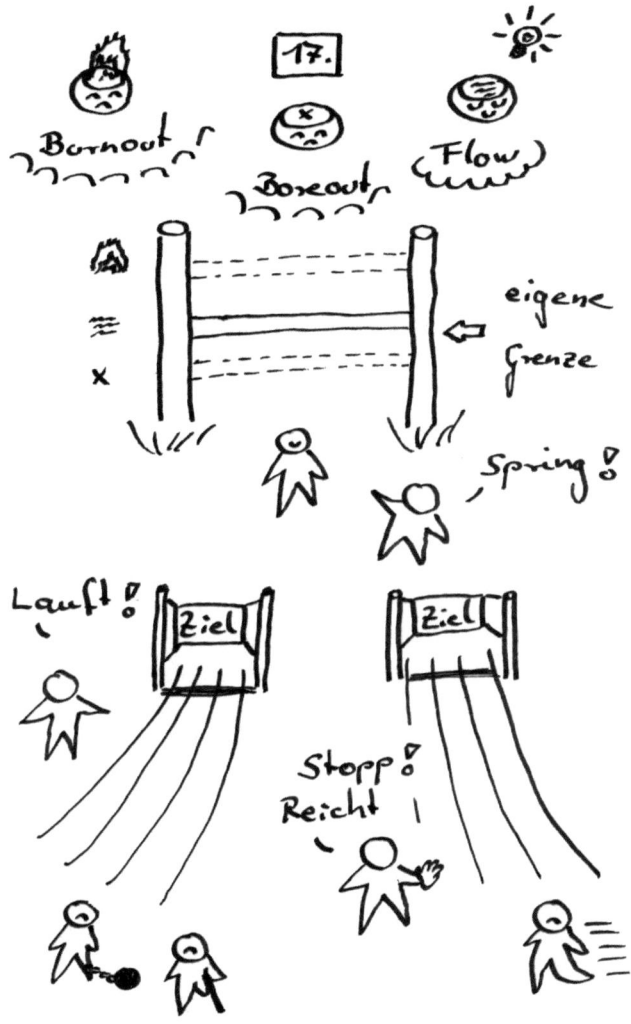

Burnout

17.

Boreout

Flow

eigene Grenze

Spring!

Lauft! Ziel

Ziel

Stopp!
Reicht

17. Stillstand

Von Burnout, Boreout und Flow

Unruhig lief Jorge im Haus auf und ab. Gestern Abend hatte er noch die Polizei angerufen und tatsächlich mit dem jungen Polizisten sprechen können, der ihm die Nummer gegeben hatte. Er hatte seine Beobachtungen und Schlussfolgerungen dargelegt und befriedigt festgestellt, dass er diesmal auf offenere Ohren gestoßen war. Das sei eine höchst interessante Theorie, der sie selbstverständlich nachgehen würden. Falls Jorge noch weitere Hinweise hätte, solle er nicht zögern, sich wieder zu melden.

Aus dem oberen Stockwerk erscholl laute Musik. Christoph hatte die ersten beiden Stunden schulfrei. „Radfahrer?" war Jorges erste Frage gewesen, „Nein, Burnout" die Antwort. Wieso bekamen Lehrer heutzutage Burnout? Bei Menschen wie Alex, die in der Industrie tätig waren, konnte er das ja noch verstehen. In dem Zusammenhang gab es einen Spruch, den Jorge noch mehr hasste als „Man kann Mitarbeiter nicht motivieren" und zwar: „Unter Druck entstehen Diamanten". Für Jorge war das nichts anderes als ein Euphemismus für unsägliche Arbeitsbedingungen wie Überstunden, permanenten Stress und mangelnde Führung. Der Anspruch war gleich in mehrfacher Hinsicht falsch. Erstens war die Herstellung von Industrie-Diamanten keine Kleinigkeit, während es nicht besonders schwierig war, jemanden in psychische Probleme zu treiben. Zweitens reduzierte er die Mitarbeiter auf einen Rohstoff, nämlich Kohlenstoff. Ok, rein chemisch betrachtet war es natürlich korrekt, dass wir im Wesentlichen aus Wasser bestehen. Doch unter Druck entstand zunächst einmal bloß Hitze und im

Projekt erzeugte man damit keine Diamanten, sondern eben Burnout. Trotzdem fragte sich Jorge, warum immer mehr Menschen unter der Belastung zusammenbrachen. War es eine Modeerscheinung? Sogar den Pfarrer ihrer Gemeinde hatte es vor einiger Zeit erwischt. Dabei hatten Pfarrer doch nun wirklich keinen Stress, oder?

Alex hatte versucht, ihm die Sache zu erklären. Tatsächlich ist es nicht der Stress allein, der Burnout auslöst. Vielmehr müssen zwei Faktoren zusammenkommen:

1. die eigene, innere Erwartungshaltung und
2. äußere Umstände, die es einem unmöglich machen, dieser Erwartungshaltung gerecht zu werden.

Das erklärte, warum Pflegekräfte neben Lehrern zu den besonders betroffenen Berufsgruppen zählten. Man wird ja nicht Kranken- oder Altenpfleger, weil man sich vielversprechende Karrierechancen ausmalt oder wegen des überragenden Gehaltes. Pflegekräfte sind häufig vom inneren Anspruch an sich selbst getrieben, helfen zu wollen. Dazu gehört, den zu Pflegenden auch Zeit zu widmen, sich mit ihnen zu unterhalten oder ihnen auch mal ein Bad zu gönnen. Doch die äußeren Umstände sind gnadenlos. Die vorgeschriebene maximale Zeit pro Patient ist so knapp bemessen, dass man ihn füttern muss, selbst wenn der Betreffende noch selbst in der Lage wäre, seine Mahlzeit zu sich zu nehmen. Je engagierter die Pflegekraft ist, desto mehr wird sie unter dieser Diskrepanz leiden. Deshalb traf es gerade die Engagiertesten, die Ehrgeizigsten, ja die Besten, denn diese hatten oft höchste Ansprüche an sich selbst. Auch der Antreiber „Gefalle!" ist kontraproduktiv, wenn sich die betreffende Person in einem Umfeld befindet, in dem es an positiver Rückmeldung mangelt. Kommen dann auch noch existenzielle Nöte hinzu, ist der Cocktail perfekt.

„Schaust du mal bitte, ob Post gekommen ist?" Lenya riss Jorge aus seinen Betrachtungen über das Engagement von Pfarrern und Lehrern. Ihr Briefkasten war leer, doch beim Nachbarn stapelten sich die Zeitungen. Jorge beschlich ein ganz ungutes Gefühl. Der war doch auch Radfahrer, oder? Die Vorstellung, dass nebenan eine Leiche langsam vor sich hin modern könnte, gefiel ihm ganz und gar nicht. Kurzentschlossen sammelte er die Zeitungen ein, ging rüber und klingelte Sturm.

Hatte der Nachbar neulich schon kläglich ausgesehen, so war es jetzt erbärmlich. Unrasiert, mit Jogginghose bekleidet, das T-Shirt mit der Innenseite nach außen angezogen. Ganz offensichtlich stimmte hier etwas nicht. Der Nachbar bat ihn zwar nicht herein, leistete aber auch keinen Widerstand, als Jorge einfach den Flur betrat. Unter dem Vorwand, die Zeitungen irgendwo ablegen zu wollen, ging er bis ins Wohnzimmer. Dort drehte er sich um und ging zum Angriff über. Was denn los sei? Er ließ sich nicht mit den üblichen Floskeln abspeisen und insistierte. Sie würden sich Sorgen machen. Ob sie helfen könnten? Schließlich sei es doch wichtig, dass man gegenseitig füreinander da sei. Kurz dachte Jorge wieder an den Pfarrer. Christliche Nächstenliebe… Und tatsächlich. Mit den letzten Worten schien Jorge durchgedrungen zu sein. Der Nachbar bat ihn tatsächlich, sich zu setzen, nahm dann gegenüber Platz und begann zu erzählen.

Was er an Symptomen aufzählte, deckte sich eins zu eins mit den Symptomen bei Burnout. Schlafstörungen,

Reizbarkeit, Antrieblosigkeit, innere Leere bis hin zu Panikattacken und Suizid-Gedanken. Nur war es in diesem Fall offensichtlich nicht die Überforderung, sondern die Unterforderung, die das Ganze ausgelöst hatte. Es stellte sich heraus, dass der Nachbar bei einer Behörde arbeitete, dort jedoch nichts zu tun hatte. Offenbar hatte er über Monate nur die Zeit im Büro abgesessen und sich entsetzlich gelangweilt, zumal er nur wenig Kontakt zu Kollegen hatte. Kündigen wollte er nicht, weil dann ein Teil seiner Pensionsansprüche verloren gegangen wäre. Anfangs hatte er sich intensiv, aber leider erfolglos, um eine Versetzung gekümmert. Dann hatte er resigniert aufgegeben. Aktuell war er krankgeschrieben, aber nicht wegen psychischer Probleme, sondern weil er sich auf der Treppe den Fuß verstaucht hatte.

Oh Mann. Jorge hatte versprochen zu helfen, aber das hier war ein Fall für psychologische Betreuung. Es war klar, dass sein Nachbar in einen Zustand geraten war, aus dem er nur schwer ohne Hilfe von außen herausfinden würde. Boreout war noch viel tückischer als Burnout. Burnout war wenigstens ein anerkanntes Krankheitsbild mit eigenem ICD-10 Code. Boreout fiel vermutlich unter „Probleme mit Bezug auf die Lebensbewältigung, nicht näher bezeichnet". Für Außenstehende ist schwer zu verstehen, dass man nicht einfach sein Leben ändert, wenn es einem nicht gefällt. Dass die Betroffenen auf Grund der Krankheit gar nicht mehr in der Lage sind, etwas zu ändern, wird dabei gerne übersehen.

Ehrlich gesagt hätte auch Jorge nicht so viel Verständnis gehabt, wenn er nicht die Analogie zu Alex damals gesehen hätte. Er redete dem Nachbar gut zu und versprach, einen Spezialisten zu suchen, der sich der

Sache annehmen sollte. Dann bot er an, die ganzen Zeitungen zu entsorgen. „Ich lese sowieso immer nur die lokale Beilage." Also nahm Jorge überall den Lokalteil heraus. Dabei überflog er die Schlagzeilen. Algen im Badesee, Streit um die Umgehungsstraße, Einbruch im mikrobiologischen Institut, schwerer Unfall am Autobahnkreuz, 40 Jahre freiwillige Feuerwehr... Was die Stadt halt so bewegte. Den Rest warf er draußen in die Papiertonne.

Daheim fand er Lenya am Computer sitzend und wild auf der Tastatur tippend. Er hütete sich davor, sie zu stören. Wenn sie an ihrem Buch saß, dann sah und hörte sie nichts um sich herum. Sie ging dann ganz in ihrer Aufgabe auf und war glücklich. Der Glücksforscher Mihály Csíkszentmihály hatte diesem Schaffensrausch einen Namen gegeben: Flow. Wer in „Flow" gerät, geht gänzlich in der gestellten Aufgabe auf, vergisst alles um sich herum und nimmt scheinbar mühelos alle Hürden. Sowohl einzelne Personen als auch ganze Gruppen können in den Flow-Zustand geraten, wenn die äußeren Umstände es zulassen. Flow entsteht an der Grenze zwischen Unter- und Überforderung, also dort, wo die Lösung der Aufgabe unsere volle Aufmerksamkeit und alle unsere Fähigkeiten verlangt, ohne uns jedoch zu überfordern. Es ist eines der besten Mittel gegen Burnout und jeder Projektmanager sollte bestrebt sein, sein Team in diesen Zustand zu versetzen. Dazu muss er oder sie die Stärken seiner Mitarbeiter richtig einschätzen und die Aufgabe entsprechend stellen. Sobald das Team in Fahrt gerät, muss er alles daransetzen, Störungen von außen abzuschirmen. Gelingt dies, sind alle im wahrsten Sinne des Wortes glücklich.

Jorge nahm sich innerlich vor, in Zukunft verstärkt darauf zu achten, wie er Flow fördern könnte. Außerdem beschloss er, eine Präsentation aufzusetzen, mit der er seine Mitarbeiter auf die Gefahren psychischer Belastung hinweisen wollte. Der Besuch beim Nachbarn war ihm nahe gegangen. Armer Kerl.

18.

Vorbild sein

Sorry, bin zu spät.

Bin nicht vorbereitet

Wichtig

Unpünktlich!

Unprofessionell!

18.   Ein Brief taucht auf

Wir sind Vorbild – immer!

Gegen halb zwölf hielt es Jorge nicht mehr aus. Er hatte versucht, sich von außen in das Firmennetz einzuwählen, war jedoch an einer dubiosen Fehlermeldung gescheitert. Bestimmt war der Server abgestürzt und die IT-Abteilung immer noch unterbesetzt. Jorge beschloss, vor Ort nachzusehen. Jetzt, da er meinte, die Gefahrenquelle zu kennen, fühlte er sich sicherer. Er wollte schauen, ob und wie er seine Projekte weiter voranbringen konnte. Denn eines war sicher: Früher oder später würde ihm der Zeitverzug auf die Füße fallen.

Offenbar war er nicht der Einzige, der sich über die angeordnete Untätigkeit hinwegsetzte, denn der Parkplatz war erstaunlich voll. Alle reservierten Plätze waren belegt. Entweder war Krisensitzung, oder es gab Mitarbeiter, die sich in diesen Ausnahmezeiten einfach über die Privilegien der Chefs hinwegsetzten. Jorge parkte brav im hinteren Teil, lief dann aber außen am Gebäude entlang und ging vorne durch den Haupteingang. Dort stoppte er am Empfang und begann ein zwangloses Gespräch mit dem Werkschutz. Dieser bestätigte ihm die Vermutung, dass das gesamte obere Management im Haus sei. Anscheinend hatte es neben den biologischen Angriffen auch mehrere Cyber-Attacken durch infizierte USB-Sticks gegeben, von denen eine tatsächlich erfolgreich gewesen war. Jorge schüttelte den Kopf. Da bekamen sie so viele Schulungen zu dem Thema, und trotzdem…

Durch die gläserne Eingangstür sah er, wie ein Kollege angeradelt kam und sein Fahrrad im Unterstand parkte.

Jorge wurde plötzlich klar, wie verantwortungslos es war, seine Erkenntnisse nicht an die Kollegen weiterzugeben. Er hatte ja gedacht, die Polizei würde das übernehmen, aber bislang war nichts geschehen. Keine E-Mail, keine Hinweisschilder. Er fing den Kollegen ab und erzählte ihm von seiner Theorie. Dieser ging daraufhin sofort die Hände waschen und desinfizieren. Dann beschloss Jorge, den Vorstand aufzusuchen. Wenn sie schon mal alle beisammen waren, sollte er die Gelegenheit nutzen. Er würde ihnen klar machen, dass sie dringend agieren müssten.

Das Besprechungszimmer war im obersten Stock und eines der wenigen mit viel Licht und ohne Glaswände. Hier konnte man auch vertrauliche Dinge diskutieren. Nach draußen klang nur gedämpftes Gemurmel, welches abrupt verstummte, als Jorge an die Tür klopfte. „Herein!" Er betrat den Raum und zählte acht Personen, die rund um einen großen Tisch saßen. In der Mitte lag ein DIN A4-Papier. Jorge sah sofort die aus der Zeitung ausgeschnittenen und aufgeklebten Wortfetzen. Kein Zweifel: ein Erpresserbrief. Aha! Aus kriminalistischer Sicht war das gut, denn so kamen sie der Sache näher.

Einer der Anwesenden hatte Jorges Blick bemerkt und streckte die Hand aus, um den Brief verschwinden zu lassen. Die Vorstandsvorsitzende hielt ihn davon ab. Offenbar erinnerte sie sich an Jorge. Außerdem war sie wohl darüber informiert worden, dass er der Polizei den Hinweis auf die kontaminierten Strickpfosten gegeben hatte. Jedenfalls legte sie anscheinend Wert darauf, ihn anzuhören. Jorge brachte sein Anliegen vor. Anders als er waren die Anwesenden jedoch davon überzeugt, dass keine Gefahr mehr herrsche. Die Polizei hatte alle Strickwaren entfernt und die Griffe reinigen lassen. Tatsächlich hatte Jorge auf dem Weg hierher keine

Strickpfosten mehr gesehen. Die Bedrohung sei jetzt von anderer Art.

Was Jorge dann erfuhr, haute ihn vom Hocker. Besagter Erpresserbrief war bereits einige Wochen alt. Darin wurden wörtlich „Grippe, Pest und Cholera" angekündigt, wenn die Firma nicht eine Million Euro in die örtliche Gesundheitsversorgung stecken würde. Das Management hatte den Brief zunächst nicht ernst genommen. Drohungen wurden immer mal wieder ausgesprochen, auch wenn die Forderung diesmal besonders absurd war. Sie hatten weder die Polizei informiert noch sonst Maßnahmen ergriffen, um sich zu schützen. Nun hatten sie ihre Einschätzung geändert. Der Computervirus, der sich ins Netz eingeschlichen hatte, trug nämlich den klingenden Namen „Pest & Cholera". Jorge verstand nun besser, warum alle davon ausgingen, dass die gesundheitliche Gefahr gebannt war. Der Erpresser hatte mit den erbeuteten Daten ein viel wirkungsvolleres Druckmittel. Er würde wohl kaum noch das Risiko eingehen, Ampeln mit biologischen Keimen zu bepinseln. Im Netz war die Entdeckungs-gefahr viel geringer.

Für Jorge war die ganze Situation bezeichnend. Da redeten alle von Transparenz, aber die wirklich wichtigen Informationen und Entscheidungen wurden hinter verschlossener Tür ausgetauscht bzw. getroffen. Dabei waren Führungskräfte Vorbild. Wie Eltern, die von ihren Kindern ganz genau beobachtet werden. Man kann als Vater nicht vom Sohn verlangen, weniger Pay-TV zu schauen und selbst abends stundenlang vor dem Fernseher sitzen. Vorbild und Vorgaben passen dann nicht zusammen. Auch die Mitarbeiter schauen sich Verhaltensweisen ab. Wenn der Vorgesetzte regel-mäßig zu spät zur Besprechung kommt, werden es die anderen mit der Pünktlichkeit bald auch nicht mehr so genau nehmen. Wer als Vorgesetzter den Dress-Code missachtet, wird Schwierigkeiten haben, ihn bei anderen durchzusetzen. Wer als Chef die Firma für private Angelegenheiten nutzt, wird entweder Nachahmer finden oder jede Menge Unmut erzeugen.

Mitarbeiter reagieren in der Regel sehr empfindlich auf Privilegien, die man sich auf Grund einer hierarchischen Überlegenheit herausnimmt. Wohlgemerkt nur, wenn dies nicht eindeutig vorab geregelt ist. Dass ab einer bestimmten Ebene ein Firmenwagen zur Entlohnung gehört, ist schon ok. Dass man sich, sobald man diese Ebene erreicht hat, das Modell nicht frei auswählen kann, ist zwar ärgerlich, aber schon auch noch nachvollziehbar. Wenn mir die schicke Limousine jedoch trotz eigener Zuzahlung verwehrt wird, weil diese Modelle nur der obersten Leitung „zustehen", wird es problematisch. Damit wird ein Zwei-Klassen-System vermittelt, was sofort als fehlende Wertschätzung interpretiert wird. Ohne das Gefühl von Wertschätzung sinkt jedoch die Motivation der Mitarbeiter rapide.

Jorge fragte sich, ob wohl einer der Anwesenden den Virenbefall des Systems zu verantworten hatte. Es juckte ihn, die Frage laut zu stellen. Trotzdem ließ er es sein. Wozu auch? Es ging nicht darum, den Schuldigen bloßzustellen, sondern eine Lösung zu finden. Das war etwas, was Jorge sehr an ihrer Vorstandschefin schätzte. Diese hatte es tatsächlich geschafft, eine Art Fehlerkultur innerhalb der Firma zu etablieren. Auch hier sah Jorge eine Parallele zur Kindererziehung. Nur wenn man die Kinder innerhalb eines sicheren Rahmens Dinge ausprobieren ließ, konnten sie selbständig werden.

Überhaupt schätzte Jorge ihren CEO sehr. Sie war zielgerichtet und strukturiert und doch immer zu allen freundlich. Dabei konnte sie durchaus harte Entscheidungen treffen. Man hatte jedoch immer den Eindruck, dass sie mit dem Herzen dabei war und sich solche Entscheidungen nicht leicht machte. Irgendwie wirkte sie in sich stimmig. Lenya, die sich in diesem Bereich besser mit Fremdwörtern auskannte, nannte das „kongruent sein". Mit anderen Worten: Was die Frau sagte und was sie tat, passte zusammen. Damit war sie auch ein glaubwürdiges Vorbild. Ja, Jorge schätzte sie wirklich sehr. Wenn er mit ihr in Kontakt kam, war er wieder motiviert, sich voll für seine Firma einzusetzen.

Jorge wandte sich gedanklich erneut dem eigentlichen Problem zu. Es musste doch möglich sein herauszufinden, wer einen solchen Groll gegen die Firma hegte, dass er den Tod von Menschen in Kauf nahm. Er bat darum, sich die Personalakten der letzten Jahre anschauen zu dürfen. Einige der Anwesenden hatten Bedenken auf Grund des Datenschutzes. Das sei Sache der Polizei. Jorge insistierte. Die Polizei kenne die inneren Strukturen nicht so gut wie er. Er wolle ja auch nur Akten von Personen sehen, die die Firma bereits verlassen hatten. Jorge war nämlich überzeugt davon, dass der Angriff von außen erfolgt war. Schließlich einigte man sich darauf, dass Jorge im Rahmen eines Spezialauftrags gemeinsam mit dem Betriebsrat Einsicht bekommen sollte. Zufrieden, endlich aktiv werden zu können, machte er sich auf den Weg in die Personalabteilung.

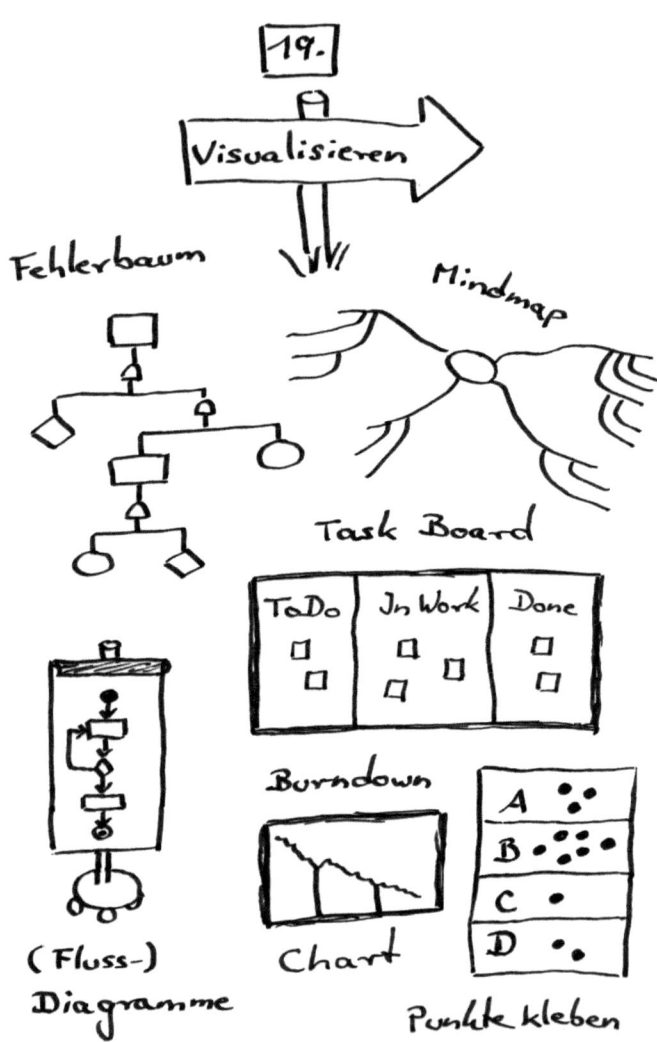

19.

Visualisieren

Fehlerbaum

Mindmap

Task Board

ToDo	In Work	Done
▫ ▫	▫ ▫	▫ ▫

(Fluss-)
Diagramme

Burndown
Chart

Punkte kleben

19. Heiße Spur

Strukturierung durch Visualisierung

In der Personalabteilung musste Jorge sich zunächst eine lange Belehrung zum Schutz personenbezogener Daten durchlesen. Er unterzeichnete den Schulungsnachweis und begab sich dann in das Büro des Betriebsrats. Dort stieß er auf Sonya, eine langjährige Betriebsrätin, die Jorge flüchtig kannte. Sonya hatte sich bereits am System angemeldet. Sie hatten Glück. Offenbar war es dem IT-Support gelungen, ein virenfreies Backup einzuspielen.

„Wonach suchen wir denn?" Das war eine sehr gute Frage. Die Polizei hatte sie nach Kollegen gefragt, die im Zorn geschieden waren. Jorge ging daher davon aus, dass diese Spur bereits verfolgt wurde. Trotzdem fragte er Sonya, ob der Betriebsrat in der Vergangenheit größere Konflikte geschlichtet hatte. Natürlich gab es immer mal wieder Auseinandersetzungen, bei denen man sich mehr oder weniger gütlich einigte. „Weniger gütlich" bedeutete Kündigung durch die Firma, „gütlich" lief in der Regel auf Kündigung mit Abfindung hinaus. In den letzten Jahren hatte es jedoch gar nicht so viele Kündigungen seitens der Firma gegeben. „Wie ist es mit Zeitverträgen, die nicht verlängert wurden?". Danach habe die Polizei auch schon gefragt. Blieben die Eigenkündigungen. Vielleicht hatte jemand gekündigt, dann aber nichts Neues gefunden und war deshalb auf die Firma wütend? „Versuchst du dich als Profiler?" Sonya grinste, wurde jedoch sofort wieder ernst. Der Fall sei denkbar, nur sähe sie keine Möglichkeit, wie sie an die erforderlichen Informationen kommen sollten. Im System sei ja nur die Kündigung verzeichnet. Der

Kündigungsgrund sei nicht dokumentiert. „Es gibt Fälle, da kennen wir den Grund nicht einmal."

„Ok, lass uns die Frage systematisch angehen." Jorge stand auf und ging zum Whiteboard. Während er verzweifelt versuchte, die Tafel zu wischen, erläuterte er sein Vorhaben. Er wollte eine Mindmap erstellen. Im Hinterkopf dachte er dabei an eine Art Fehlerbaum. Das war eine Methode der Ursachenanalyse im Risikomanagement. So wie man in der Fehlerbaum-Analyse die Ursache immer weiter zerlegte, wollte Jorge mögliche Tätergruppen ermitteln.[5] Kritisch inspizierte er die Stifte, die unten in der Rinne des Whiteboards lagen. Es hätte ihn nicht überrascht, einen Flipchart-Marker zu finden. Trotz Reinigung mit Lösungsmittel war das Board

---

[5] Bei der Fehlerbaumanalyse werden die Ursachen eines Fehlers immer weiter zerlegt, bis eine weitere Zerlegung nicht mehr sinnvoll bzw. nicht mehr möglich ist. Für die graphische Darstellung als Baum gibt es drei Elemente:
- Rechteck – Ursache, die noch weiter zerlegt wird
- Raute – Ursache, die NICHT weiter zerlegt wird, da bereits hier eine Maßnahme ergriffen werden kann
- Oval – elementare Ursache, die nicht weiter zerlegbar ist

Diese Elemente können auf zwei Arten verknüpft werden:
- „und" – die Ursachen müssen gleichzeitig eintreten, um den Fehler zu produzieren
- „oder" – jede der Ursachen kann für sich allein genommen zum Fehler führen

Damit erlaubt die Fehlerbaum-Analyse, anders als andere Methoden der Risikoanalyse, auch die Betrachtung multi-kausaler Ursachen.

völlig verschmiert und dadurch praktisch unbrauchbar. Doch für seine Zwecke musste es reichen.

In die Mitte des Boards schrieb er das Wort „Täter" in einen Kreis und zeichnete von dort aus zwei Linien. Auf die eine schrieb er „intern", auf die andere „extern". Der Täter könne ja noch bei der Firma sein. Wobei Jorge das nicht glaubte. Man beißt doch nicht die Hand, die einen füttert. Außerdem wäre es für einen internen Täter viel einfacher und effektiver gewesen, innerhalb der Firma die Türklinken zu infizieren. Sonya stimmte ihm zu und sie beschlossen, diese Linie nicht weiter zu verfolgen. Als nächstes trennte Jorge den Zweig „extern" wieder in zwei Unterpunkte auf: „ausgeschieden" und „firmen-fremd". Sofort wandte Sonya ein, dass es jede Menge externe Dienstleister gab, die noch aktiv waren. Also fügte Jorge einen dritten Zweig hinzu: „aktiv", malte jedoch sofort eine Raute darum. Hier galt das gleiche Argument wie für die internen Mitarbeiter. Zwar hatten nicht alle einen Firmenausweis, der ihnen freien Zugang zum Gelände verschaffte, doch welches Motiv sollten solche Mitarbeiter haben. Freie Stellen schaffen? Unwahrscheinlich. Dafür waren die Angriffe zu ziellos.

Eine gute halbe Stunde später schaute Jorge zufrieden auf seine Mindmap.

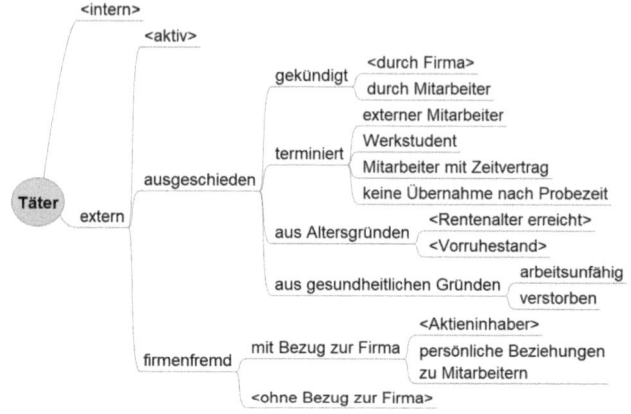

Jetzt hatten sie endlich eine gut strukturierte Grundlage für die Suche nach Motiven. Einige Zweige der Mindmap konnten sie von vornherein ausschließen. Die Toten waren tot. Wenn sie es nicht einfach nur mit einem Verrückten zu tun hatten, dann fielen auch die völlig Firmenfremden raus. Rentner waren wohl kaum in der Lage, einen Computervirus zu schreiben. (Die Enkel schon eher.) Eine Börsenwette auf fallende Aktienkurse war denkbar, wenn auch nicht sehr wahrscheinlich. Blieben die Ex-Mitarbeiter mit gekündigten oder terminierten Arbeitsverträgen, die Arbeitsunfähigen sowie Freunde und Verwandte. Um die Kündigungen kümmerte sich bereits die Polizei. Freunde und Verwandte mussten irgendwie in Beziehung zu einer der anderen Gruppen stehen. Zu den terminierten Arbeitsverträgen hatten sie keine Informationen. Somit konnten sie nur eine einzige Piste weiterverfolgen: die Arbeitsunfähigen. Das passte auch zur Forderung im Erpresserbrief, wonach das Geld ins örtliche Gesundheitssystem fließen sollte. Sie suchten somit nach einem ehemaligen Mitarbeiter, der aus gesundheitlichen Gründen ausgeschieden war und noch in der Stadt leben musste.

Größere Unfälle in der Produktion hatte es laut Sonya schon lange nicht mehr gegeben. Meist waren es psychische oder psychosomatische Probleme. Brachte jemand Menschen um, weil er Tinnitus bekommen hatte? Es fiel ihnen schwer, sich so etwas vorzustellen. Andererseits – Spinner gab es überall. Jorge erinnerte sich an Sherlock Holmes' berühmtes Zitat: „Wenn Du das Unmögliche ausgeschlossen hast, dann ist das, was übrigbleibt, die Wahrheit, wie unwahrscheinlich sie auch ist." Übrig geblieben waren Familie und Angehörige, und diese mussten ein wirklich starkes Motiv haben. Gescheiterte Ehe auf Grund einer Versetzung? Oder doch Todesfall? Hatte es in der Vergangenheit Selbstmorde gegeben, die auf die psychische Belastung bei der Arbeit zurückgeführt werden konnten?

Jorge zappelte aufgeregt auf seinem Stuhl. Endlich hatten sie eine heiße Spur. Gemeinsam durchsuchten sie die Datenbank. Natürlich konnten sie nicht einfach nach „Suizid" suchen. So simpel war es nun auch wieder nicht. Die Todesursache ging den Arbeitgeber ebenso wenig etwas an wie der Kündigungsgrund. Sie konnten die Suche dennoch einschränken. Da war zum einen das Alter. Der Computervirus ließ einen jüngeren Täter vermuten… Versuchsweise gaben sie 45 Jahre als Obergrenze ein. Außerdem suchten sie nur nach Einträgen mit Wohnort innerhalb der Stadt. Keine Treffer. Vielleicht auch der Stadtrand? Sie versuchten es mit verschiedenen Postleitzahlen und variierten auch die Altersgrenze. Ohne Ergebnis. Schließlich kam Sonya auf die Idee, nach längerfristigen Krankschreibungen zu suchen.

Bingo! Fünfzehn Treffer in den letzten zwei Jahren, davon fünf mit heimischem Wohnort. Einen der Fälle kannte Sonya sogar. Es war ein junger Mann, der sich im Urlaub beim Extremsport verletzt hatte und monatelang ausgefallen war. Der Betreffende hatte die Firma tatsächlich inzwischen verlassen, aber nicht aus Groll, sondern weil er näher zu seiner Freundin gezogen war. Zwei weitere Mitarbeiter waren nach ihrer Krankheit wieder eingegliedert worden, einer davon in Teilzeit. Der Vierte hatte noch während der Krankheit gekündigt. Weitere Informationen fanden sie nicht.

Jorge beschloss, in der betreffenden Abteilung nach-zufragen. Zum Glück handelte es sich um einen Geschäftsbereich, der am gleichen Standort angesiedelt war. Sonya begleitete ihn. Jorges Begeisterung für die detektivische Arbeit hatte sich auf sie übertragen. Vor Ort fanden sie tatsächlich eine Kollegin, die Auskunft geben konnte. Offenbar hatte ihr „Verdächtiger" Krebs bekommen und sich daraufhin die Frage nach dem Lebenszweck gestellt. Er hatte gekündigt und einen kleinen Lebensmittelladen auf dem Land eröffnet. Leider war es ihm jedoch nicht gelungen, den Krebs endgültig zu besiegen. Nach drei Jahren waren Metastasen in der Leber gefunden worden und danach war alles recht schnell gegangen.

Betroffen und ein wenig beschämt gingen die beiden zurück in das Büro des Betriebsrats. Ihre Euphorie war verflogen. Mehr der Vollständigkeit halber schauten sie sich auch den letzten Treffer in der Datenbanksuche genauer an. Hierbei handelte es sich um eine verheiratete Frau mittleren Alters, die nach über einem Jahr krankheitsbedingter Abwesenheit tatsächlich verstorben war. Leider konnten sie keine Kollegen befragen, weil die betreffende Abteilung inzwischen ausgegliedert und verkauft worden war. Jorge notierte sich den Namen und die damalige Adresse und bedankte sich bei Sonya. Ihm war die Lust auf Detektiv-Spielen vergangen.

Servant Leadership

Infos

Störung

Ziel

2   1   3

20. Hausbesichtigung

Ein Diener des Teams

Daheim setzte sich Jorge an den Computer und suchte die Telefonnummern einiger Psychotherapeuten heraus. Mit dem Notizzettel bewaffnet ging er hinüber zum Nachbarn. Dort verbrachte er die nächste Stunde damit, seinem Nachbarn gut zuzureden, sich einen Termin geben zu lassen. Schließlich verlor er die Geduld. Hans würde demnächst kommen, um ihn zu ihrem wöchentlichen Tennisspiel abzuholen.

Eine Dreiviertelstunde später standen beide auf dem Court und fochten ihren allwöchentlichen Wettstreit aus. Jetzt strafte sich, dass Jorge mit den Gedanken nicht ganz bei der Sache war. Er verlor ungewöhnlich hoch gegen Hans, dem der unerwartete Erfolg sichtlich Freude machte. Später beim Bier erzählte Jorge Hans die ganze Geschichte. Als er den Zettel mit der Adresse der verstorbenen Kollegin zeigte, zückte Hans sofort sein Smartphone und schaute im Telefonbuch nach. Tatsächlich gab es einen Eintrag unter diesem Nachnamen. Auch die Adresse stimmte überein. Bevor Jorge ihn hindern konnte, rief Hans die Nummer an. Zum Glück ging jedoch niemand ans Telefon. „Bist du wahnsinnig? Wenn ich recht habe, dann haben wir es hier mit einem Killer zu tun!" Jorge schnappte nach Luft. Soviel Unverstand hatte er Hans nicht zugetraut. „Was hättest du denn gesagt, wenn jemand abgenommen hätte?" Dass er sich verwählt hätte. Hans tat unbesorgt. Trotzdem hatte Jorge den Eindruck, dass er ein wenig erschrocken war.

Die Geschichte musste in Hans gearbeitet haben, denn auf dem Heimweg schlug er plötzlich vor, einen

Abstecher zu besagter Adresse zu machen. Nur vorbeifahren, damit wir wissen, wie es da so aussieht. Du musst den Feind kennen, um ihn zu besiegen. „Lass gut sein. Ich rufe morgen früh die Polizei an. Soll die sich darum kümmern." „Und was ist, wenn du dich täuschst? Wenn du Unrecht hast und das ist nur ein ganz armer Kerl, dem die Frau weggestorben ist?" Jorge schluckte. Von der Seite hatte er die Geschichte noch gar nicht betrachtet. Er nannte Hans noch einmal die genaue Adresse.

Langsam fuhr Hans durch die Straße. Sie befanden sich in einem Neubauviertel mit verwinkelten Häuserzeilen, die alle identisch aussahen. Dazwischen Grünflächen mit Kinderspielplätzen und Grillplätzen. Es sah eigentlich ganz nett aus. Besagte Hausnummer befand sich am Ende eines Fußwegs. Von der Straße aus war nicht viel zu erkennen. Kurzentschlossen parkte Hans den Wagen und stieg aus. „Nur vorbeilaufen." Zögernd folgte ihm Jorge. Sie schlenderten die Häuserzeile entlang bis zum letzten Eingang. Dort fanden sie den gesuchten Namen auf dem Türklingel-Panel. Hans drückte gegen die Tür. „Was denn? Ich kann doch mal vorab die Umgebung besichtigen." Hans zeigte auf ein großes Transparent, welches an der gegenüber-liegenden Häuserzeile im zweiten Stock hing. Danach war dort noch eine Wohnung zu haben. „Ich will doch nur schauen, wie sehr man von hier aus beobachtet werden kann." Hans war nie um eine Ausrede verlegen. Darin war er großartig. Die Tür war jedoch verschlossen.

Sie gingen um den Häuserblock herum. Es begann zu dämmern. Unvermittelt gingen die Laternen an. Es musste kurz nach 21 Uhr sein. Vorne an der Straße hielt ein Paketzusteller auf dem Fußweg. Der Fahrer stieg aus und suchte in seinem Kleinbus nach der zuzustellenden Sendung. Jorge hatte nicht gewusst, dass die Pakte auch noch um diese Uhrzeit ausgetragen wurden. Vielleicht eine Express-Lieferung? Da Jorge nur selten im Internet bestellte, kannte er die Konditionen nicht so gut. Sie beobachteten, wie der Mann ein kleines Päckchen zum letzten Hauseingang trug und dort klingelte. Die Tür öffnete sich, der Paketbote verschwand im Hauseingang, kam jedoch praktisch sofort wieder heraus. Hans schoss vor und setzte im letzten Moment seinen Fuß in die Tür. Auffordernd winkte er Jorge zu. Dem war die ganze Sache überhaupt nicht geheuer. Trotzdem folgte er Hans ins Haus. Sie waren schließlich ein Team und da lässt man sich nicht gegenseitig im Stich. War das nicht sogar Kern der vielbeschworenen Teamfähigkeit? Sich auf Ideen anderer einzulassen und gemeinsam ein Ziel zu verfolgen?

Jorge war sich nicht so sicher, ob ihn seine Kollegen als teamfähig bezeichnen würden. Er hatte seine Rolle als Projektmanager immer etwas außerhalb des Teams gesehen. Für ihn war der Projektmanager nicht Teil des Teams, sondern dessen Diener. Im Englischen gab es dazu einen wohlklingenden Namen, nämlich „Servant Leadership". Natürlich gab es dazu viel Theorie sowie die üblichen Glaubenskriege, wie immer, wenn es um Werte ging. Jorge sah das Ganze viel pragmatischer. Für ihn bestand die wesentliche Aufgabe eines Projektmanagers darin, das Team zu befähigen, die Arbeit zu tun und es dann vor störenden Einflüssen von außen zu schützen. Das beginnt damit, dass man ein Team mit den passenden Kompetenzen aufbaut und gegebenenfalls dafür sorgt, dass die Mitglieder geschult werden. Dann hatte er dafür zu sorgen, dass die nötigen Informationen und Arbeitsmittel rechtzeitig verfügbar waren. Schließlich verbrachte er viel Zeit damit, Berichte zu schreiben und in Statusbesprechungen zu sitzen. Wenn sich das Management gut informiert fühlte, war das Risiko geringer, dass sie direkt im Team nachfragten. Schwieriger war es, das Team vor neuen und geänderten Anforderungen zu schützen. Es kam immer wieder vor, dass Wünsche direkt an die Mitarbeiter herangetragen wurden. Allerdings hatten sie inzwischen ein Änderungsmanagementsystem aufgesetzt und alle Mitarbeiter angewiesen, keine Änderungen ohne offizielles „Ticket" zu implementieren. Dennoch kam es immer wieder zu Störungen, weil jemand seine neue Idee unbedingt bewerben wollte.

In seinem agilen Projekt wurde das Problem anders gelöst. Hier war klar, dass nur der Product Owner (also Jorge) Änderungen beschließen konnte. Er hatte dafür zu sorgen, dass das Team bei jeder neuen Iteration wusste, welche Aufgaben die höchste Priorität hatten und was zu tun war. Insbesondere musste er dafür sorgen, dass die Akzeptanzkriterien klar waren, also die Kriterien, an denen das Arbeitsergebnis gemessen wurde. Dafür war es nicht mehr seine Aufgabe, für die Infrastruktur zu sorgen oder störende Faktoren zu beseitigen. Das übernahm jetzt der Scrum Master. Eigentlich schade. Der Teil hatte ihm durchaus Spaß gemacht.

Viel Zeit blieb Jorge nicht für seine Überlegungen. Er folgte Hans in den Hausflur. Auf der untersten Treppenstufe stand das Päckchen. Offenbar hatte sich der Paketbote nicht die Zeit genommen, es bis an die Wohnungstür zu bringen. Hans schnappte sich die kleine Schachtel und begann, die Treppe hochzusteigen. Was für ein wunderbarer Vorwand, durch alle Flure zu laufen und auf die Namensschilder zu schauen!

Schon im ersten Stock stießen sie auf eine ältere Dame, die erwartungsvoll zur Wohnungstür herausschaute und offensichtlich auf die Zustellung wartete. Hans überreichte ihr das Päckchen und erläuterte, dass er gar nicht der Paketbote sei. Es folgte ein belangloses Gespräch über die unerträglichen Arbeitsbedingungen der Zusteller. Dann tischte Hans dem Mütterchen seine Geschichte vom Wohnungskauf im Haus gegenüber auf. Er wolle die Umgebung in Augenschein nehmen, bevor er sich zum Kauf entschließe. Wie denn so die Nachbarn wären und ob es grobe Mängel gäbe? Die alte Dame war immerhin hinreichend vorsichtig, sie nicht in die Wohnung zu bitten, gab jedoch gerne Auskunft. Wahrscheinlich hatte sie nicht oft Gesprächspartner. Die Wohnungen seien schon ok. Gut isoliert und modern ausgestattet. Vielleicht sogar etwas zu gut isoliert. Man musste recht häufig lüften. In letzter Zeit würde es manchmal aus dem Abfluss im Bad müffeln, aber ansonsten…

Über die Nachbarn wusste die Dame recht genau Bescheid. Gegenüber wohne ein Ausländer. Der sei zwar sehr freundlich, spreche aber nur gebrochen Deutsch. Hans wollte wissen, wie hellhörig die Wohnung sei. Also von ihrem Nachbarn oben höre sie manchmal die Haustür. Das sei lästig, denn der Nachbar habe sehr ungewöhnliche Arbeitszeiten gehabt. Sie betonte das Wort „gehabt" und freute sich, dass Hans sofort nachfragte und ihr damit die Möglichkeit gab, noch mehr Klatsch zu verbreiten. Sie vermutete, der junge Mann sei entlassen worden, nachdem auf Grund seiner Nachlässigkeit im mikrobiologischen Institut ein-gebrochen worden war. In Jorges Hirn schrillte eine Alarmklingel. „Einbruch im mikrobiologischen Institut". Wo hatte er das schon einmal gehört? Krampfhaft versuchte er, sich zu erinnern. Richtig. Das war eine der Schlagzeilen im Lokalteil der Zeitung gewesen, die er für seinen Nachbarn sortiert hatte.

Während Hans weiter mit ihrer Informantin schwatzte, holte Jorge das Smartphone hervor und durchsuchte fieberhaft die online-Version der Zeitung. Da war es…

„Einbruch im mikrobiologischen Institut.

Unbekannte sind in der Nacht von Dienstag auf Mittwoch im mikrobiologischen Institut am Anger eingebrochen. Durch ein offenes Fenster im Erdgeschoss verschafften sich die Täter Zutritt zum Gebäude. Sie durchsuchten die Räume offenbar nach Wertsachen. Mehrere Schränke wurden aufgebrochen. Es entstand ein Sachschaden von 8.000 Euro. Ob tatsächlich etwas erbeutet wurde, ist unbekannt."

Natürlich hatten die bzw. hatte der Täter etwas erbeutet – biologische Erreger der gemeinsten Art. Jorge war sich plötzlich sicher, dass sie ganz nah am Ziel waren. Er machte Hans ein Zeichen und begab sich Richtung Treppenhaus.

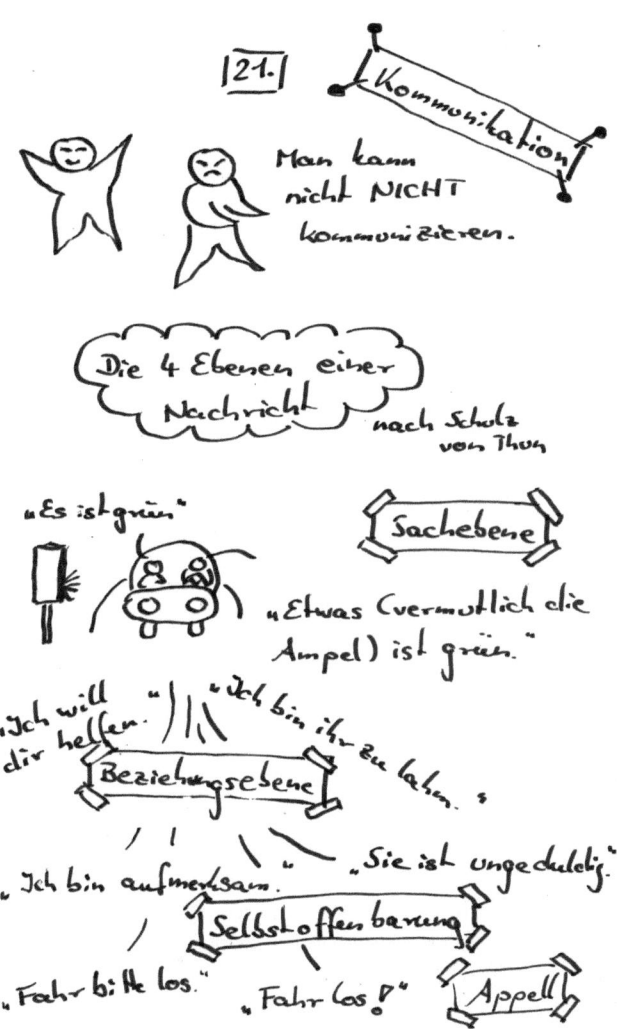

| 21. | Kommunikation

Man kann nicht NICHT kommunizieren.

Die 4 Ebenen einer Nachricht — nach Schulz von Thun

"Es ist grün"

Sachebene

"Etwas (vermutlich die Ampel) ist grün."

"Ich will dir helfen." "Ich bin in Eile."

Beziehungsebene

"Ich bin aufmerksam." "Sie ist ungeduldig."

Selbstoffenbarung

"Fahr bitte los." "Fahr los!" Appell

21. Ein grausiger Fund

Die 4-Ohren

Hans begriff sofort. Er folgte Jorge zur Treppe. Dort erzählte dieser ihm leise seine neuesten Schlussfolgerungen. Hans nickte und stieg energisch die Treppe hoch. Laut hörbar sagte er: „Lass mich noch kurz gucken, wie gut man von hier aus in die Wohnung schauen kann." Er spielte die Rolle des potentiellen Käufers perfekt. Im zweiten Stock angekommen steuerte er direkt auf das Fenster am Ende des Flurs zu. Jorge schlenderte langsam hinterher. Tatsächlich fand er den gesuchten Namen an einer Tür auf der linken Seite, exakt oberhalb der Wohnung, vor der sie eben im ersten Stock gestanden hatten. Es passte alles zusammen.

Als Jorge langsam an der Wohnungstür vorbei ging, stach ihm ein strenger Geruch in die Nase. Diesen Geruch kannte er. Sie hatten eine Katze und genauso roch es, wenn sich eine halbtote Maus irgendwo verkrochen hatte und dort verendet war. Es roch nach Verwesung. Nicht sehr stark, aber eindeutig. Etwas schneller ging er zum Fenster. Hans schauspielerte weiter. „Wie ich es mir dachte. Man sieht genau auf den Balkon. Da bleibt nichts geheim. Immerhin kann man nicht durch die Fenster in die Wohnung schauen." Jorge versuchte mehrfach, Hans zu unterbrechen, aber der ging voll in seiner Rolle auf. „HANS! Da stimmt was nicht." Gemeinsam gingen sie zurück zur Wohnungstür. Diesmal gaben sie sich keine Mühe, ihre Neugier zu verstecken. Jorge roch am Türfalz. Kein Zweifel, der Gestank kam von innen. Vor dem Türspion war ein Riegel, so dass sie nicht in die Wohnung schauen konnten. Sie beschlossen, die Polizei einzuschalten.

Was dann passierte, beschäftigte Jorge noch Wochen danach nachts im Traum. Nach einiger Zeit kam tatsächlich eine Polizeipatrouille. Die beiden Beamten nahmen kurz die Örtlichkeit in Augenschein. Offenbar teilten sie Jorges Einschätzung, denn kurz darauf traf Unterstützung ein – darunter ein Notarzt. Die Ordnungshüter brachen die Tür auf und verschwanden im Inneren der Wohnung. Jorge und Hans folgten ihnen neugierig.

Weit kamen sie jedoch nicht. Schon im Flur schlug ihnen bestialischer Gestank entgegen. Offenbar war die Wohnung wirklich gut isoliert. Jorge konnte gerade noch einen Blick ins Badezimmer werfen, bevor ihn einer der Polizisten wieder hinausschob. Auf dem Boden lag ein junger Mann in einer braunen Lache, offensichtlich tot. Es schien als hätte er es von der Toilette nicht mehr zum Telefon geschafft. Der Notarzt richtete sich gerade wieder auf und gab Anweisungen. „Alles absperren. Es besteht akute Ansteckungsgefahr." Jorge beeilte sich, wieder an die frische Luft zu kommen.

Danach hatten sie lange gewartet. Zunächst im Auto, später auf dem Revier. Er hatte der Polizei alles erzählt, von den ersten Ausfällen in der Firma, Amirs Zusammenbruch, seiner Erkenntnis, dass es sich fast ausschließlich um Radfahrer handelte, den merk-würdigen Strickposten bis hin zu ihrer detektivischen Leistung, die sie zur Wohnung des Toten gebracht hatte. Das Meiste davon musste der Polizei eigentlich bekannt sein, aber entweder war der diensthabende Ermittler nicht eingeweiht, oder er wollte es noch einmal direkt aus Jorges Mund hören. Zwischendrin hatte er mal eine kurze WhatsApp an Lenya geschickt. Die musste sich inzwischen Sorgen machen.

Erst gegen zwei Uhr nachts durfte er endlich das Revier verlassen. Hans war bereits fort. Jorge war eingeschärft worden, er solle in der Stadt bleiben. Sie würden vermutlich noch einmal auf ihn zu kommen. Vor der Tür stieß er auf Lenya, die draußen gewartet hatte. Sie schloss ihn fest in ihre Arme. Ein warmes Gefühl stieg in Jorge auf. Er küsste Lenya und nahm ihre Hand. Schweigend liefen sie zu Fuß nach Hause. Ihm fiel ein Satz ein, den Lenya ihm einmal beigebracht hatte: „Man kann NICHT nicht kommunizieren." Jeder Augenaufschlag, jede Handbewegung, jede Körperhaltung kommunizierte etwas und wurde dementsprechend interpretiert. Was er gerade von Lenya empfing, war wunderbar. Wenn es doch immer so einfach wäre. Sie hatten oft Missverständnisse, weil Lenya seine Sätze in den falschen Hals bekam. Wenn er fragte, ob sie das Licht auch störend fand, dann stand sie auf und machte die Jalousie runter. Später bekam er dann zu hören, ein fauler Pascha zu sein.

Er nannte das ihr „Appell-Ohr". Laut Schulz von Thun kann jede Nachricht vier Aspekte enthalten: den Sachinhalt, die Selbstoffenbarung, Botschaften auf der Beziehungsebene oder eben einen Appell. Zugegeben, er offenbarte sich deutlich seltener als Lenya, aber nicht alles, was er sagte, war ein Appell. In dem Beispiel mit den Jalousien hatte er doch nur wissen wollen, ob es ihr recht war, wenn er die Jalousien herunterließ. Er war überzeugt, rein auf der Beziehungsebene gesendet zu haben. Doch Lenya hörte eben immer nur den Appell. Wobei er sich eingestehen musste, dass es andersherum auch nicht viel besser war. Wenn Lenya ihm von den Schwierigkeiten erzählte, die sie in einem ihrer Beratungs-Workshops hatte, dann wollte sie eigentlich nur, dass er verstand, warum sie schlecht drauf war. Er fühlte sich allerdings sofort unter Druck gesetzt, etwas an ihrer Situation zu ändern. Er hörte einen Appell, oder zumindest einen Hilferuf. Die gesendete Botschaft und die empfangene Botschaft stimmten also nicht überein, obwohl es sich um die gleichen Sätze handelte. Nur ganz selten sprachen sie rein über Sachinhalte, beispielsweise wenn sie eine größere Anschaffung erwogen. Dann gingen sie in der Regel sehr rational vor und es gab kaum Konflikt-potential.

Jorge dachte an neulich zurück, als sie sich über Julias Smartphone-Vertrag in die Haare bekommen hatten. Inzwischen war ihm klar, dass es Lenya ein großes Bedürfnis war, den Kontakt zu Julia zu halten. Damit meinte er nicht den Kontakt per WhatsApp. Lenya hatte Angst, dass ihr der pubertierende Teenager entglitt. Diese Sorge konnte er voll und ganz verstehen. Er teilte sie sogar. Nur hielt er teure Geschenke für keine Erfolg versprechende Lösung. So war es ganz oft. Sie stritten sich über Kleinigkeiten und vergaßen darüber, dass jedem Wunsch ein tieferes Bedürfnis zu Grunde lag. Wenn es ihnen gelang, dieses Bedürfnis zu identifizieren, fand sich ganz oft eine andere Lösung, die für beide akzeptabel war. Nur wenn grundlegende Überzeugungen aufeinandertrafen, wurde es wirklich schwierig.

Was war er doch für ein Idiot! Dies war eine wunderbar warme Nacht. Er hielt die Hand der Frau, die er liebte, hatte möglicherweise gerade den Attentäter gefunden und statt dies alles zu genießen, dachte er darüber nach, warum sie sich so oft stritten. Instinktiv drückte er Lenyas Hand. Warum war Kommunikation zwischen Menschen bloß so schwierig? Man dachte zum Beispiel immer, der andere habe angefangen und man selbst reagiere nur auf die Provokation. Dummerweise war das Gegenüber fest davon überzeugt, dass es genau anders herum sei. Was auch immer man vorher gesagt haben mochte: Der andere hatte es vermutlich falsch aufgefasst und reagierte ebenfalls nur. Man konnte es drehen und wenden wie man wollte, es war immer der andere schuld. Vermutlich war das auch der Kern des Problems. An Missverständnissen war niemand „schuld". Sie entstanden eben immer mal wieder. Man musste nur achtsam sein und sie erkennen.

Sie kamen an einem älteren Herrn vorbei, der mitten in der Nacht seinen Hund spazieren führte. Ob es auch bei Hunden zu Missverständnissen kam, wenn sie sich beschnüffelten? Und konnten diese Hunde dann alles in einem klärenden Gespräch wieder auflösen? Vermutlich dachten Hunde nicht so viel nach und agierten instinktiver. Aber er konnte ja schlecht jeden Kollegen beißen, den er nicht mochte. Wobei ihm da schon welche eingefallen wären…

Es war spät. Er war müde. Seine Gedanken wurden wirrer. Wenn jetzt ein Taxi aufgetaucht wäre, hätte er es vermutlich für den letzten Kilometer noch herbei gewinkt.

22. Feedback

„Bist du bereit?"   „Ja"
                      „Danke"
    Ich-Botschaft
                      (nicht
                      sofort
                      antworten)

konkret
wertschätzend   konstruktiv

Ich habe beobachtet...
    ↳ Das bewirkt bei mir...
        ↳ Ich benötige...
            ↳ Ich wünsche mir...

22. Alles klärt sich auf

Feedback will gelernt sein

Drei Tage waren seit ihrem grausigen Fund vergangen. Auf Anraten einer freundlichen Polizistin hatte sich Jorge krankgemeldet. Er hatte tatsächlich ein wenig unter Schock gestanden. Inzwischen fühlte er sich besser und sah sich in der Lage, die vielen Fragen seiner Kollegen zu beantworten. Sie saßen in der Kantine an einem großen Tisch. Um seinen Bericht nicht zwanzigmal wiederholen zu müssen, hatte er alle auf die Mittagspause vertröstet. Jetzt schauten ihn neun Augenpaare gespannt an. Er holte tief Luft und begann zu erzählen, was er inzwischen aus verschiedenen Quellen erfahren hatte.

Angefangen hatte alles mit Melanies Unfall. Melanie war Mitarbeiterin im Prüffeld gewesen und hatte sich bei irgendeiner Kleinigkeit unglücklich den Fuß verletzt. Soweit Jorge wusste, traf die Firma dabei keine besondere Schuld. Es war halt, wie es manchmal ist. Einmal nicht aufgepasst und schon hat man sich etwas gebrochen. Da es ein offener Bruch war, wurde Frau Melanie im Krankenhaus operiert. Ab da war die Sache entglitten. Anscheinend hatte sie sich mit MRSA infiziert, die Antibiotika-Behandlung war erfolglos geblieben und schließlich musste das Bein amputiert werden. Dies hatte Melanie anscheinend psychisch nicht verkraftet. Jedenfalls hatte sie sich 11 Monate nach ihrer Operation das Leben genommen.

Ihr Mann, Holger, hatte zu dem Zeitpunkt als Laborant in einem Prüflabor gearbeitet. Warum er den Tod seiner Frau der Firma und nicht dem Krankenhaus anlastete, war nicht ganz klar. Offenbar hatte Melanie darüber geklagt, dass sie ständig unter Zeitdruck stand. Vermutlich war Holger fest davon überzeugt gewesen, dass dieser Druck Melanies Unachtsamkeit verursacht und damit alles ausgelöst hatte. Wirklich klären ließ sich diese Frage wohl nicht mehr.

Jedenfalls hatte Holger gekündigt und sich beim mikrobiologischen Institut beworben. Er musste einige Zeugnisse gefälscht haben, denn er hatte sich Berufserfahrung angedichtet, die im Nachhinein nicht bestätigt werden konnte. Selbstverständlich war er dank der hervorragenden Referenzen eingestellt worden. Nachgefragt hatte wohl niemand. Dann hatte er mehrere Monate gewartet und seinen Plan ausgearbeitet. Die Polizei hatte herausgefunden, dass er in dieser Zeit viel über Antibiotika-Resistenzen geforscht hatte. Außerdem hatte er diverses Labormaterial bestellt und sich daheim entsprechend eingerichtet. Irgendwie musste es ihm auch gelungen sein, Kontakt zu einer Hackergruppe aufzunehmen. Hierzu hatte die Polizei jedoch keine genauere Auskunft gegeben. Vermutlich waren die Ermittlungen noch nicht abgeschlossen.

Schließlich war Holger zur Tat geschritten. Er hatte den Einbruch im Institut vorgetäuscht, einige Mikro-organismen entwendet und angefangen, diese gezielt in der Nähe der Firma zu verteilen. Außerdem hatte er in seiner Wohnung ein kleines Labor aufgemacht und weitere Stämme gezüchtet. Genau das war ihm jedoch zum Verhängnis geworden. Offenbar hatte er die Gefahr unterschätzt und mit EHEC experimentiert. Es grenzte an ein Wunder, dass sich niemand im Wohnblock angesteckt hatte, denn Holger hatte seine Proben teilweise einfach im Waschbecken entsorgt. Dies erklärte auch die Gerüche, über die sich die Nachbarin unter ihm beschwert hatte. Bei so viel Sorglosigkeit konnte es nicht ausbleiben, dass sich Holger infizierte. Wahrscheinlich wollte er nicht zum Arzt gehen, oder sein eigenes Leben war ihm gleichgültig. Vermutlich hätte der Arzt auch nicht mehr viel ausrichten können. Kein schönes Ende, wenn auch verdient...

Die Polizei konnte beweisen, dass die Bakterien an den Ampeln mit den Proben in Holgers Wohnung verwandt waren. Ob Julias Infektion damit in Zusammenhang stand, ließ sich rückwirkend nicht klären. Jorge war inzwischen zu dem Schluss gekommen, dass ihre Panik und der damit verbundene Besuch im Krankenhaus durchaus berechtigt gewesen waren. Was hingegen geklärt werden konnte, war die Sache mit den Strickpfosten. Deren Verursacher hatten sich nämlich freiwillig bei der Polizei gemeldet, als die ersten Berichte in die Nachrichten kamen. Es handelte sich um eine Gruppe junger Aktivisten, die sich als Anhänger der „Urban Knitting"-Bewegung bezeichneten. Sie verstanden ihre Kunstwerke als wollene Graffiti, die Farbe in das tägliche Grau bringen sollten. Da sie, anders als bei gesprühten Graffiti, nichts beschädigten, mussten sie auch keine Strafen befürchten. Natürlich hatten sie nicht damit gerechnet, dass jemand mit Bakterien infizierte Nährlösung in die Wolle schmieren würde.

Inzwischen hatte sich alles weitgehend beruhigt. Es war zu keinen weiteren Todesfällen gekommen. Der Parkplatz der Firma war wieder voll belegt und in der Kantine hatten sie die üblichen Schwierigkeiten gehabt, einen Tisch zu finden, an dem alle Platz fanden. Auch Alex war wieder daheim. Der Alltag hatte sie weitgehend eingeholt. Heute früh hatte der Chef in der Status-besprechung eindringlich auf sie eingeredet. Die verlorene Zeit müsse unbedingt wieder aufgeholt werden. Es käme absolut nicht in Frage, später zu liefern. Jorge hatte daraufhin um einen Termin gebeten. Er hatte einiges zu sagen, was er nicht unbedingt in Gegenwart der anderen äußern wollte.

Gegen 15 Uhr stand Jorge vor der Bürotür seines Chefs. Er war in Hochform. Endlich mal wieder ein Kampf, den er ausfechten konnte. Im Innersten seines Herzens schämte er sich nämlich für seine Feigheit vor dem Feind, als Hans die Initiative ergriffen hatte. Das war ein Moment der Schwäche, den es nicht hätte geben dürfen. Während er wartete, dass sein Chef ein Telefonat beendete, rief er sich noch einmal die Regeln einer Ich-Botschaft in Erinnerung. Es juckte ihn zwar, seinem Chef mal so richtig deutlich die Meinung zu sagen, doch er wusste, dass er damit nichts erreichen würde. Aggressiv formulierte Kritik führte nur dazu, dass der andere nicht mehr zuhörte und die Botschaft nicht an sich heranließ. Das war ganz gesunder Selbstschutz. Deshalb lernten sie in fast jeder Schulung, Ich-Botschaften zu senden.

Das Dumme war nur, dass Jorge immer wieder vergaß, wie so eine Ich-Botschaft aufgebaut war. Deshalb hatte er vorhin noch einmal nachgeschaut:

1. Beobachtung – „Ich habe beobachtet, dass…"
   Der Teil war noch einfach. Schließlich wusste Jorge genau, über welchen Satz er sich heute früh am meisten geärgert hatte. Er hatte gehört, dass es trotz der besonderen Umstände keine Verhandlungen mit dem Kunden über den Liefertermin geben sollte.

2. Gefühl – „Das bewirkt bei mir, dass…"
   Ab hier wurde es schwierig. Er war verärgert – nein, er kochte innerlich. Was war das für eine Art und

Weise, den Druck einfach so nach unten weiter zu geben! Genauso sollte er es jedoch nicht formulieren. Er hatte sich daher für eine harmlose Formulierung entschieden. „Ich bin verwundert, dass wir nicht versuchen, einen späteren Termin zu verhandeln." Irgendetwas in der Art. Erst wollte er „besseren Termin" sagen, doch das konnte schon wieder als Kritik verstanden werden.

3. Bedürfnis – „Ich benötige…"
Das war wiederum einfach. Er benötigte schlicht und einfach mehr Zeit.

4. Wunsch – „Ich wünsche mir…"
Tja, was wünschte er sich eigentlich? Dass sein Chef endlich aufhörte, ihnen das Gefühl zu vermitteln, nur Arbeitsvieh zu sein. Oh je! Es würde ihm niemals gelingen, Worte wie „endlich" zu vermeiden. „Ich wünsche mir, dass wir mit dem Kunden verhandeln."

Plötzlich ging Jorge auf, dass die von ihm konstruierte Ich-Botschaft völlig am eigentlichen Thema vorbei ging. Es ging ihm doch gar nicht um die Sache, sondern um die Form. Das mit dem Termin würde er schon geklärt bekommen. Schließlich hatte er ja auch Ansprechpartner beim Kunden. Es war die Art, wie mit ihnen umgesprungen wurde, die ihm aufstieß.

In diesem Moment ging die Tür auf.

Selbst-Analyse

23.

Wann war ich gut?
Was hat mir geholfen?

Was tue ich gerne?
Was fällt mir leicht?

Was missfällt mir?
Wo tue ich mich schwer?

Wovon träume ich?

Was will ich bewahren?

Was bin ich bereit zu geben?

A ⇨ B   Umzug

23. Schlussstrich

Selbstanalyse

Wie zu erwarten war das Gespräch mit seinem Chef grandios schief gegangen. Gleich zu Beginn hatte ihm sein Chef eröffnet, dass er nur bis halb vier Zeit habe. Damit reduzierte sich ihre Besprechung von 60 auf gut 20 Minuten. Ganz offensichtlich war das Telefonat wichtiger als ein Gespräch mit dem Mitarbeiter.

Jorge sparte sich die Einleitung und kam sofort zur Sache. Normalerweise hätte er fragen müssen, ob sein Chef für Feedback bereit sei. Er sparte sich auch die Ich-Botschaft. Damit missachtete er bereits zwei wichtige Feedback-Regeln. Immerhin kam sein Feedback zeitnah, war konkret und authentisch. Ob es wirklich wertschätzend war, was er sagte, war allerdings fraglich. Es kam ihm wirklich hoch. Nach der Anspannung der letzten Wochen hatte er keine Lust mehr, Rücksicht zu nehmen. Ihm kam die Umfrage der amerikanischen Marktforscher wieder in den Sinn. Diese hatten herausgefunden, dass Mitarbeiter zwar aus vielen Gründen eine Stelle antreten: interessante Arbeit, Entwicklungsmöglichkeiten, Vergütung… Darüber, ob sie blieben, entschied jedoch ganz entscheidend ihr Verhältnis zum direkten Vorgesetzten. Für Jorge war es plötzlich klar. Er wollte gehen.

Unter den gegebenen Umständen war es nicht verwunderlich, dass sein Chef sofort zum Gegenangriff überging. Auch er missachtete eine wichtige Feedback-Regel, wonach der Empfänger des Feedbacks nicht sofort antworten darf. Stattdessen sollte man sich artig bedanken und ein paar Stunden verstreichen lassen, bevor man Stellung nahm. Jorge war regelrecht beeindruckt. Soviel Emotionen hatte er ihm gar nicht zugetraut. Für einen kurzen Moment empfand er sogar so etwas wie Sympathie. Allerdings gab sich das recht schnell wieder. Dafür waren die Sätze, die er sich anhören musste, zu derb.

Mit dem letzten Rest seiner guten Erziehung grüßte er und verließ das Zimmer. Dann packte er seine Sachen zusammen. Sicherheitshalber nahm er den Bilderrahmen mit den Familienfotos mit. Wer weiß, ob er noch einmal das Gebäude betreten durfte. Obwohl er ja eigentlich keinen grob fahrlässigen Fehler begangen hatte, der eine fristlose Kündigung rechtfertigen würde. Aber kündigen würde er. Oder zumindest sich versetzen lassen. So ging es nicht weiter.

Auf dem Heimweg sann Jorge über seine bisherige berufliche Laufbahn nach. Was hatte er erreicht? Wo wollte er noch hin? Diese zwei Fragen beschäftigten ihn schon seit längerem. Mannis Tod hatte den Überlegungen eine weitere Dimension gegeben. Insofern kam die Entscheidung, etwas ändern zu wollen, nicht unbedacht. Er hatte in letzter Zeit viel drüber sinniert, was ihn eigentlich am meisten motivierte. Lenya hatte es anders formuliert. „Aus welchen Aufgaben ziehst du Energie und welche Aufgaben kosten dich Energie?" Schließlich war er zu dem Schluss gekommen, dass es ein Fehler gewesen war, die Rolle des Product Owners anzunehmen. Er zog Energie daraus, für sein Team Kämpfe auszufechten. Er wollte weiterhin sowohl für die Klärung der Anforderungen als auch für die Beseitigung von Hindernissen zuständig sein. Wenn er sich schon entscheiden musste, dann doch eher für die Rolle als Scrum Master. Noch lieber wäre er jedoch klassischer Projektmanager mit agilen Prinzipien geblieben.

Da dies in seinem aktuellen Geschäftsbereich nicht möglich war, stellte sich sofort die nächste Frage. Was war er bereit, an seinem jetzigen Leben zu ändern und was wollte er unbedingt beibehalten? Eines war klar: Jorge hatte sich geschworen, nie wieder eine Wochenendbeziehung zu führen. Hingegen konnte er sich durchaus vorstellen, wieder häufiger auf Dienstreise zu gehen. Das war vor drei Jahren anders gewesen, als die Kinder noch kleiner waren. Wäre er bereit, in eine andere Stadt zu ziehen? Das konnte er nicht allein entscheiden. Lenya konnte ihren Beruf überall ausüben. Die Frage war eher, ob sie bereit waren, die Kinder aus dem gewohnten Umfeld zu reißen. Besonders jetzt, da Julia nur noch zwei Jahre bis zum Abitur hatte. Eher nicht. Also war es wohl sinnvoll, sich innerhalb der Firma neu zu orientieren. Ohnehin war das ein großer Vorteil eines Großunternehmens. Es gab jede Menge Möglichkeiten. Anderseits gab es auch viel Bürokratie und viele Vorschriften.

Eigentlich reizte es Jorge, noch einmal etwas völlig Neues anzufangen. Wahrscheinlich kam er in die Midlife Crisis. Vor ein paar Tagen war ihm eine Stellenanzeige aufgefallen, die ausgesprochen interessant klang. Ein erfolgreiches Startup-Unternehmen suchte einen Entwicklungsleiter für ihre Software. Die Webseite sah vielversprechend aus. Auf dem Foto hatte er 35 Mitarbeiter gezählt. Das Produkt war hoch innovativ und technisch anspruchsvoll. Daraufhin hatte er seinen Lebenslauf aktualisiert. Jetzt beschloss er, dort anzurufen und seine Chancen auszuloten. Beschwingt fuhr er das Auto in die Einfahrt. Er hatte einen Plan.

Auf dem Weg zur Haustür staunte Jorge nicht schlecht. Sein Nachbar mähte den Rasen! Nach Wochen völliger Untätigkeit was dies wirklich ungewöhnlich. Er ging hin und wechselte ein paar freundliche Worte. Der Nachbar war wie ausgewechselt. Er hatte sich tatsächlich durchgerungen, einen Facharzt aufzusuchen und allein dieser Schritt hatte ihm Energie zurückgegeben. Er hatte daraufhin beschlossen, sein Leben erneut in die Hand zu nehmen. Stolz berichtete er, ein Bekannter von ihm habe gerade einen kleinen Bioladen eröffnet. Dort wolle er einsteigen. Sobald das unter Dach und Fach sei, werde er kündigen. Jorge riet ihm, noch eine Abfindung zu verhandeln. Sein Nachbar war jedoch skeptisch. Schließlich war er beim Staat angestellt. Da wurde in der Regel nicht viel verhandelt.

Jorge musste sich eingestehen, dass sein Nachbar schon einen Schritt weiter war als er. Dieser war bereit, auch finanziell ins Risiko zu gehen und Ansprüche aufzugeben. Das konnte Jorge nicht. Schließlich hatte er eine Familie zu ernähren und eine Doppelhaus-Hälfte abzuzahlen. Oder wollte er nur nicht? War es vielleicht nur Bequemlichkeit, die ihm Zwänge vorgaukelte? Keiner hier im Viertel lebte in prekären Verhältnissen, die einem keine Wahl ließen. Es gab immer Alternativen. Die Entscheidung war nur eine Frage der Priorität. Wieviel Geld war einem die eigene Zeit wert? Wie wichtig waren Haus und Auto? Wieviel war Gewohnheit und wie wichtig war einem diese Gewohnheit? Denn auch der Wunsch nach Beständigkeit im Leben hatte seine Berechtigung. Darüber musste er noch einmal nachdenken.

Abends ging Jorge mit Lenya in den Biergarten, in dem er damals auf Alex gewartet hatte. Ihm war danach zu feiern. Es fühlte sich an, als hätte ein neuer Lebensabschnitt begonnen. Außerdem hatten sie gerade in der Stadt gemeinsam ein Geschenk für seine Cousine gekauft. Denn natürlich hatte er keine personalisierten Bierdeckel im Internet bestellt. Wann hätte er denn daran denken sollen?

Es wurde ein wunderbarer Abend. Schließlich zahlten sie. Lenya verschwand noch einmal kurz auf die Toilette. Jorge nutze den Moment und warf einen Blick auf sein Smartphone. Alex hatte geschrieben und ein Urlaubsbild von Christine und sich geschickt. Das Foto zeigte die beiden Hand in Hand an einem mit Palmen gesäumten Strand. Jorge beschloss, demnächst mit Lenya in den Urlaub zu fahren. Nur sie zwei, ohne die Kinder. Was für eine wunderbare Vorstellung!

Führungsstile

authoritär

demokratisch

|chef|

laisser-faire

authentisch

Ich bin ok?

— Ihr seid ok!

wertschätzend

24. Epilog

Zusammenfassung

Irgendwie musste etwas durchgesickert sein, denn eines Abends stand ein Journalist des Lokalblatts an der Haustür und wollte Jorge interviewen. Jorge lehnte ab. Er war kein Detektiv, sondern ein Projektmanager, der durch eine Kette von Zufällen in die Geschichte verwickelt worden war. Stattdessen erzählte er dem Pressevertreter vom neuen Bioladen und schickte ihn eine Haustür weiter.

Bislang ist unklar, wie es mit Jorge beruflich weiter geht. Ich gehe davon aus, dass er sich bei dem Startup-Unternehmen vorstellen und die Stelle auch annehmen wird. Ebenfalls ungeklärt ist, warum die Zeitungen bis zum Schluss am Begriff „Grippe-Welle" festhielten, obwohl nie auch nur ein einziger Grippe-Erreger im Spiel war. Vermutlich konnte man auf diese Weise besser die Archivberichte über die spanische Grippe und andere Epidemien wiederverwenden.

Die plötzliche Genesung des Nachbarn ist der Dramaturgie geschuldet. Leider ist Burn- bzw. Boreout nicht mit einem einzigen Gang zum Therapeuten zu kurieren. Die Betroffen brauchen oft Monate, bis sie wieder halbwegs im Alltag Fuß fassen. Damit ist wirklich nicht zu spaßen.

Wie bereits eingangs erwähnt, behandelt dieses Büchlein verschiedene Projektmanagement-Themen. Für diejenigen, die gezielt bestimmte Aspekte nachlesen möchten, ist hier noch einmal aufgelistet, was wo zu finden ist. Einige der genannten Punkte wie die non-verbale Kommunikation werden nicht explizit behandelt, finden sich jedoch zwischen den Zeilen wieder. Andere sind Unterpunkte oder Synonyme.

Agile Prinzipen	Kap. 4	Kongruent sein	Kap. 18
Anforderungs-analyse	Kap. 5	Laterale Führung	Kap. 13
Aufwandsab-schätzung	Kap. 10	Motivation	Kap. 3 & 13
Berufliche Bilanz	Kap. 23	90%-Syndrom	Kap. 11
Brainstorming (paradox)	Kap. 9	Non-verbale Kommunikation	Kap. 21
Burnout / Boreout	Kap. 17	Personas	Kap. 15
Delegieren können	Kap. 7	Planning Poker	Kap. 10
Delphi-Methode	Kap. 10	Priorisieren	Kap. 14
Dreipunkt-Schätzung	Kap. 10	Risiko-Management	Kap. 16
Innere Antreiber	Kap. 6	Selbstanalyse	Kap. 23
Erfordernisse	Kap. 5	Servant Leadership	Kap. 20
Feedback	Kap. 22	Task Board	Kap. 11
Flow	Kap. 17	Transaktions-analyse	Kap. 6
Formale Um-gangsformen	Kap. 8	4-Ohren Theorie	Kap. 21
Fortschritts-überwachung	Kap. 11	Visualisieren	Kap. 19
Führen mit Humor	Kap. 12	Vorbild sein	Kap. 18

Gebrauchs-tauglichkeit	Kap. 5	Wertschätzung	Kap. 13 & 18
Gerechtigkeit	Kap. 3	Zeit-management	Kap. 2

Es ist kein Zufall, dass Motivation und Wertschätzung gleich mehrfach vorkommen. Zu kurz gekommen ist hingegen das Thema „Führung" bzw. Führungsstile. Der Psychologe und Vorreiter Kurt Lewin (1890-1947) unterschied einst drei Stile: autoritär, demokratisch und laissez-faire.

Den autoritären Führungsstil findet man häufig bei Firmengründern. Er bezeichnet die klassische, hierarchische Struktur mit Chef und Untergebenen. Einer sagt, wo es lang geht und alle anderen spuren. Kritik ist schwierig. Die Nachfolgeregelung oft eine Katastrophe. Entscheidungen sind schnell und unkompliziert getroffen, aber in der Regel nicht nach jedermanns Gusto. Das macht aber nichts: Wem es nicht passt, der kann ja gehen.

Je mehr Charisma der Chef hat und je besser seine Ideen sind, desto einfacher ist es für Mitarbeiter mit Eigeninitiative, den autoritären Führungsstil zu akzeptieren. Der Stil ist also nicht per se schlecht. Er gilt jedoch als veraltet und lässt sich nur schwer mit modernen, agilen Vorgehensweisen kombinieren.

Beim demokratischen Führungsstil wird – wie der Name vermuten lässt – diskutiert und abgestimmt. Die Mitarbeiter sind in die Entscheidungsfindung ein-gebunden. Der Stil fördert die Motivation und Kreativität der Mitarbeiter, da sie die Richtung mitbestimmen können. Allerdings kann es, wie in der Politik, zu

Verdruss kommen, wenn sich der Eindruck verfestigt, dass die eigene Stimme nichts mehr zählt. Auch wer schnelle Entscheidungen benötigt oder gar nichts entscheiden möchte, wird mit diesem Führungsstil nicht glücklich. Demokratie braucht Zeit und Engagement.

Der dritte Führungsstil ist nicht nur in der Kindererziehung umstritten. „Laissez-faire" bedeutet, frei übersetzt: „Lass sie nur machen". Im Extremfall ist die Führungskraft völlig passiv und reagiert bestenfalls auf Anfrage der Mitarbeiter. Das mag für manche herrlich klingen, ist es aber nicht. Erstens braucht jedes Projekt ein Ziel und damit auch jemanden, der dieses Ziel kennt, kommuniziert und im Auge behält. Zweitens ist völliges Desinteresse seitens des Vorgesetzten auf Dauer extrem demotivierend.

Die Kunst besteht darin, das richtige Maß zu finden. Der amerikanische Unternehmensberater Robert H. Waterman brachte es auf den Punkt: „Geben Sie Ihren Mitarbeitern Arbeit, bei der sie ihre Fähigkeiten voll ausschöpfen müssen. Geben Sie ihnen alle notwendigen Informationen. Erläutern Sie ihnen klipp und klar, was es zu erreichen gilt. Und dann – lassen Sie sie in Ruhe." Wenn man das Ganze auch noch in festgelegten Zeitabschnitten wiederholt, kommen wir zum Grundprinzip der agilen Vorgehensweise Scrum.

Seit Kurt Lewin hat sich die Welt weitergedreht. Diverse neue Führungsstile wurden diskutiert und eingeführt. Heute gilt das situative Führen ganz klar als die beste Variante. Darunter versteht man eine Kombination verschiedener Führungsstile, die je nach Situation und Reifegrad des Teams bzw. der Mitarbeiter eingesetzt werden. Ambidextrous Leadership nach Rosing et al. geht sogar noch weiter und verlangt vom Projektmanager, verschiedene Stile zu mischen und jederzeit die passende Mischung aus Steuerung und Befähigung der Mitarbeiter zu finden. Doch so wichtig es auch ist, all diese Theorien zu kennen und sich mit ihnen auseinanderzusetzen – meiner Erfahrung nach fällt man unter Stress wieder auf die angeborenen (oder anerzogenen) Verhaltensmuster zurück, die Lewin bereits erkannte. Wenn es wirklich eng wird, fühlt sich der eine am wohlsten, wenn alle gehorchen und exakt den eigenen Vorstellungen folgen, während der andere nicht allein entscheiden möchte und ein Dritter am liebsten gar nichts mit der Sache zu tun hätte. Daher sollte man sich selbst kennen und mit entsprechend „reifen" Mitarbeitern umgeben.

Was mich zu einem weiteren Führungsstil bringt, der sich nicht so recht in ein Schema einordnen lässt. Die Rede ist vom "authentischen Führungsstil". Authentische Führungskräfte kennen ihre eigenen Stärken und Schwächen, sind mit sich selbst im Reinen, haben klare Ziele und Werte und sind anderen gegenüber offen und wertschätzend. Sie sind, wie sie sind – und sie sind gut, denn sie geben eine klare Linie vor und sind für das Team berechenbar. Was einfach klingt, ist leider unglaublich schwierig, denn es bedeutet, ehrlich mit sich selbst zu sein und ständig an sich zu arbeiten.

Jorge versucht es zumindest.